Dakar
Guide de voyage 2024

Un voyage à travers la vibrante capitale du Sénégal en 2024 – Découvrez la culture, la cuisine et Joyaux cachés dans ce compagnon de voyage complet"

John Harrison

Page de droits d'auteur

© John Harrison, 2024
Tous droits réservés.

TABLE DES MATIÈRES

EXPÉRIENCE PERSONNELLE DE L'AUTEUR............ 6
CHAPITRE UN... 11
INTRODUCTION.. 11
    Bienvenue à Dakar.. 12
    Comprendre la tapisserie culturelle de Dakar........18
    Naviguer dans les coutumes locales..................... 22
    Conseils pratiques de voyage.................................27
CHAPITRE DEUX.. 33
ODYSSÉE HISTORIQUE..33
    Origines de Dakar..35
    Héritage colonial..38
    Indépendance et histoire moderne........................ 42
    Préserver les monuments historiques................... 47
CHAPITRE 3.. 53
DES QUARTIERS VIBRANTS..53
    Explorations de la Médina...................................... 55
    Almadies : le charme côtier de Dakar....................60
    Quartier du Plateau : les affaires et au-delà......... 65
    Trésors résidentiels à Sicap................................... 70
CHAPITRE QUATRE.. 76
DÉLICES CULINAIRES...76
    Gastronomie Sénégalaise...................................... 78
    Aventures culinaires de rue................................... 82
    Expériences gourmandes...................................... 88
    Siroter le Sénégal : le café et au-delà....................92
CHAPITRE CINQ... 98

- **ART ET CULTURE** **98**
  - Musées et galeries 100
  - Musique et danse traditionnelles 104
  - Scènes d'art contemporain 108
  - Festivals célébrant le patrimoine sénégalais 113
- **CHAPITRE VI** **118**
- **CHAPITRE SEPT** **130**
  - Artisanat traditionnel et trouvailles artisanales : ... 139
  - Naviguer dans les bonnes affaires : l'art du marchandage sénégalais : 147
- **CHAPITRE 8** **153**
- **DÉVOILE L'ESSENCE DE DAKAR : APERÇUS LOCAUX ET JOYAUX CACHÉS** **153**
  - Au-delà des sentiers touristiques : découvertes hors des sentiers battus 155
  - Merveilles architecturales : des histoires inédites dans la pierre 160
  - Richesse culturelle : célébrations cachées 164
  - Trésors culinaires : restaurants secrets et cuisines familiales 169
- **CHAPITRE NEUF** **173**
  - Directives en matière de santé et de sécurité 173
  - Précautions sanitaires 175
  - Eau et sécurité alimentaire 176
  - Préparation aux urgences 178
  - Sécurité personnelle 178
  - Monnaie et sagesse bancaire 180
  - Bases linguistiques essentielles pour une communication efficace 182

Rester connecté : Internet et options de communication..183
CHAPITRE DIX.. **185**
CONCLUSION ET FUTURES AVENTURES À DAKAR. 185

EXPÉRIENCE PERSONNELLE DE L'AUTEUR.

Autrefois cadre animé de Wall Street naviguant dans les imposants gratte-ciel de la ville de New York, John aspirait à faire une pause dans le rythme incessant de la vie urbaine. La monotonie des réunions de conseil d'administration et le bourdonnement constant de la vie urbaine alimentaient son désir d'évasion ressourçante. Lorsque l'opportunité s'est présentée, il a décidé de se lancer dans un voyage transformateur avec sa famille à Dakar, la dynamique capitale du Sénégal. Il ne savait pas que ces vacances se transformeraient en une expérience personnelle extraordinaire, mêlant immersion culturelle et moments de pure détente.

La transition des canyons de béton de Manhattan aux rues animées de Dakar, c'était comme entrer dans un monde différent. Alors que leur avion descendait, la famille a été accueillie par la chaleureuse étreinte de la brise côtière de Dakar, un contraste saisissant avec la jungle urbaine de béton qu'ils avaient laissée derrière eux. Le guide qu'ils portaient est devenu leur boussole et Dakar s'est dévoilé comme une fusion enchanteresse d'histoire, de tradition et de dynamisme contemporain.

Leur aventure a commencé au cœur de Dakar, où se dressait l'emblématique monument de la Renaissance africaine, surplombant l'Atlantique. La famille s'est promenée dans les marchés animés de Sandaga, où les couleurs des tissus traditionnels et l'arôme alléchant de la cuisine de rue locale remplissaient l'air. John s'est retrouvé captivé par les rythmes entraînants de la musique sénégalaise qui résonnaient dans les rues, manifestation audible de l'énergie palpitante de la ville.

La tapisserie culturelle de Dakar s'est déroulée alors qu'ils exploraient l'île historique de Gorée, un rappel poignant du rôle du Sénégal dans la traite transatlantique des esclaves. La famille a visité la Maison des Esclaves, un musée installé dans un ancien établissement esclavagiste, où les échos de l'histoire résonnaient dans chaque pièce. Ce fut une expérience profonde qui a suscité des réflexions sur le récit humain partagé et la résilience de l'esprit humain.

Les plages de Dakar, avec leur sable doré et leurs eaux azurées, sont devenues le décor de moments de tranquillité et de liens familiaux. John et sa famille ont profité de leurs après-midi tranquilles à la plage de Yoff, où le bruit rythmé des vagues a fourni une bande sonore apaisante à leurs vacances. Le guide les a conduits dans le quartier décontracté de N'Gor, où ils ont découvert des joyaux cachés comme La Cabane du Surfer, un restaurant en bord de mer servant des fruits de mer frais avec une vue panoramique sur l'océan.

La famille s'est plongée dans l'univers de la cuisine sénégalaise, savourant des saveurs qui dansaient sur leurs papilles. Ils ont découvert les coutumes locales avec l'aide du guide, apprenant à apprécier l'importance du partage des repas et à engager des conversations avec les habitants. La scène culinaire de Dakar est devenue une délicieuse exploration, des stands de nourriture animés du marché aux poissons de Soumbedioune aux plats aromatiques de Chez Loutcha, un restaurant populaire célèbre pour ses saveurs authentiques sénégalaises.

Au milieu de l'immersion culturelle, la famille a trouvé des moments de pure détente dans les oasis sereines de Dakar. Le guide les a dirigés vers le luxuriant jardin botanique Léopold Sédar Senghor, un havre de tranquillité où la flore vibrante contrastait fortement avec le paysage urbain. C'est dans ces moments de repos que John a réalisé le pouvoir transformateur du mélange de richesse culturelle et de beauté naturelle de Dakar.

Leur voyage les a également conduits à la périphérie de Dakar, où les attendaient le Lac Rose, ou Retba, avec ses teintes roses surréalistes causées par sa forte teneur en sel et ses micro-organismes. Les conseils de voyage pratiques du guide ont permis de garantir une exploration fluide, permettant à la famille d'être témoin de ce phénomène unique et de dialoguer avec les communautés locales entourant le lac.

Alors que la famille se préparait à faire ses adieux à Dakar, John ne pouvait s'empêcher de réfléchir au profond impact que ce voyage avait eu sur eux. C'était plus que des vacances ; c'était un voyage de découverte de soi et d'éveil culturel. Dakar, avec son esprit accueillant et ses paysages diversifiés, était devenue une toile sur laquelle la famille peignait des souvenirs qui dureraient toute une vie.

De retour au cœur de New York, John s'est retrouvé avec l'essence de Dakar avec lui. L'énergie vibrante, le kaléidoscope culturel et le sens de la communauté sont devenus partie intégrante de sa perspective. Le guide, initialement un outil d'exploration, s'est transformé en un souvenir précieux, un rappel tangible du voyage transformateur qui avait transcendé les frontières de la géographie et laissé une marque indélébile dans son âme. Dakar, pour John et sa famille, était devenu plus qu'une destination : c'était un chapitre de leur récit commun de découverte et de connexion.

CHAPITRE UN

INTRODUCTION

Dakar dévoilé : une porte d'entrée vers la capitale dynamique du Sénégal

Dakar, la métropole animée située à l'extrême ouest de l'Afrique, se présente comme une porte d'entrée vers l'âme dynamique du Sénégal. Lorsque les voyageurs descendent dans les rues animées, ils sont embrassés par l'énergie vive qui définit Dakar. La ville se situe au carrefour de la tradition et de la modernité, où les coutumes séculaires cohabitent avec la vie urbaine contemporaine. Au cœur de Dakar, des quartiers diversifiés résonnent au rythme de la vie quotidienne, chaque rue étant une tapisserie d'histoires à découvrir. Le guide, servant de boussole culturelle, dévoile les couches de l'histoire, de la musique, de l'art et des traditions sénégalaises qui convergent à Dakar, offrant une invitation à explorer le tissu unique de l'identité culturelle de la ville.

Naviguer à Dakar est une odyssée à travers un paysage sensoriel, des teintes vibrantes des marchés locaux aux rythmes rythmés de la musique de rue. La ville témoigne de la résilience et de la créativité de ses habitants, comme en témoignent les scènes artistiques animées et la fusion dynamique des influences traditionnelles et contemporaines. L'esprit accueillant de Dakar résonne à travers ses marchés animés, où l'arôme des spécialités locales se mêle aux couleurs vibrantes des tissus et de l'artisanat. Le guide se transforme en compagnon, guidant les voyageurs à travers les rues dynamiques, les plongeant dans la riche tapisserie culturelle qui tisse les récits du passé et du présent de Dakar.

Bienvenue à Dakar

Dakar, la capitale animée du Sénégal, se dévoile comme une tapisserie vibrante de couleurs, de sons et de saveurs. Lorsque vous parcourez les rues de la ville, l'air est empli de l'arôme des fruits de mer fraîchement grillés, des rythmes rythmés de la musique sénégalaise et des bavardages vibrants des habitants engagés dans des conversations animées. Le guide devient votre compagnon, vous présentant l'esprit dynamique de la ville et vous donnant un aperçu de la culture accueillante qui définit Dakar.

L'aventure commence au cœur de Dakar, où l'emblématique monument de la Renaissance africaine se détache sur l'horizon côtier. Cette statue colossale, surplombant l'océan Atlantique, est le symbole de la renaissance du Sénégal après l'indépendance. Le guide dévoile l'importance historique de ce monument, offrant un aperçu du cheminement de la nation vers l'autodétermination et la fierté.

En parcourant les marchés animés de Sandaga, le guide devient un interprète culturel, dénouant les fils vibrants du patrimoine sénégalais. Les étals du marché sont un kaléidoscope de tissus traditionnels, d'artisanat artisanal et d'épices aromatiques. Des conseils pratiques sur la négociation, l'engagement avec les vendeurs locaux et le respect des coutumes garantissent que votre expérience du marché soit non seulement visuellement enrichissante, mais également respectueuse des traditions locales de Dakar.

La tapisserie culturelle de Dakar est tissée avec les fils de son histoire et le guide vous mène à l'île de Gorée, classée au patrimoine mondial de l'UNESCO. A quelques minutes en ferry, l'île de

Gorée témoigne du rôle du Sénégal dans la traite transatlantique des esclaves. La Maison des Esclaves, un ancien établissement esclavagiste transformé en musée, devient un témoignage poignant du récit humain partagé. Le guide présente un contexte historique, vous invitant à réfléchir sur la résilience de l'esprit humain et sur l'importance de reconnaître un passé douloureux.

En vous plongeant dans les quartiers, le guide vous dirige vers la Médina, où le traditionnel de la ville rencontre le contemporain. Les ruelles étroites sont bordées de vitrines animées, offrant un mélange de mode moderne, de textiles traditionnels et d'artisanat local. Le guide devient un outil de navigation vous permettant d'explorer les joyaux cachés de la Médina, des cafés pittoresques aux galeries d'art locales.

Une aventure culinaire vous attend alors que les diverses saveurs de Dakar prennent vie. Le guide se transforme en conseiller gastronomique, vous présentant les spécialités locales et vous donnant un aperçu de l'importance culturelle de la cuisine sénégalaise. De la thieboudienne, le plat national du Sénégal, à la dégustation de l'attaya, le thé à la menthe traditionnel, vos papilles embarquent pour un voyage à travers le paysage culinaire de Dakar.

Naviguer dans les coutumes locales devient une partie intégrante de votre expérience à Dakar et le guide vous offre des informations culturelles. Qu'il s'agisse de comprendre l'importance des salutations ou de participer à des repas communs, le guide veille à ce que vous interagissiez de manière respectueuse avec les habitants de Dakar. Des conseils pratiques pour s'habiller modestement, en particulier lors de la visite de sites religieux comme la Grande Mosquée de Dakar, ajoutent une couche de sensibilité culturelle à votre exploration.

Au-delà du dynamisme urbain, Dakar offre des oasis de tranquillité sereines. Le guide vous dirige vers le jardin botanique Léopold Sédar Senghor, un refuge luxuriant où l'agitation de la ville s'efface au second plan. En vous promenant dans ce paradis botanique, vous rencontrerez une variété de plantes et d'arbres indigènes, offrant un contraste saisissant avec le paysage urbain de Dakar. Le guide vous encourage à profiter de ces moments de repos, en vous connectant avec la nature au rythme animé de la ville.

Des conseils de voyage pratiques garantissent que votre voyage à travers Dakar se déroule sans problème. De la compréhension des options de transport local à la recommandation des moments idéaux pour l'exploration, le guide devient votre allié logistique. Que vous planifiiez une visite à la gare historique de Dakar ou que vous exploriez le quartier animé de N'Gor, le guide anticipe vos besoins, rendant votre expérience à Dakar à la fois enrichissante et sans stress.

Alors que le soleil se couche sur l'horizon de Dakar, projetant des teintes d'orange et de rose sur l'Atlantique, le guide vous invite à savourer la vie nocturne de la ville. Des bars animés des Almadies aux salles de concert intimistes du Plateau, la scène nocturne de Dakar devient une extension vivante de son énergie diurne. Le guide se transforme en guide de divertissement, vous assurant de profiter au maximum des offres de Dakar après la tombée de la nuit.

Au cœur du paysage urbain de Dakar, le guide devient un conteur, tissant ensemble les récits du passé et du présent de la ville. Dakar, avec sa fusion d'histoire, de culture et de dynamisme contemporain, se dévoile comme une destination qui dépasse la surface. Le guide vous encourage à embrasser l'essence de Dakar, non seulement en tant que touriste mais en tant que participant au récit vibrant de la ville.

Comprendre la tapisserie culturelle de Dakar

Comprendre la tapisserie culturelle de Dakar revient à se lancer dans un voyage dans le temps, à travers les divers paysages de l'histoire, de la musique, de l'art et des traditions sénégalaises qui se sont tissés pour façonner l'identité unique de la capitale.

Fils historiques :

Le guide devient une machine à voyager dans le temps, transportant les lecteurs vers les monuments historiques de Dakar qui témoignent du passé aux multiples facettes de la nation. La Place de l'Indépendance, symbole de la libération du Sénégal de la domination coloniale, devient un point central. Le guide offre un contexte historique, racontant les événements qui se sont déroulés sur cette place et leur impact durable sur le cheminement du Sénégal vers l'indépendance. Le palais présidentiel, témoignage de l'évolution politique de la nation, est exploré avec un aperçu de sa signification architecturale et du rôle qu'il joue dans le paysage politique contemporain de Dakar.

L'île de Gorée apparaît comme un chapitre poignant du récit historique de Dakar. Le guide devient un compagnon, guidant les lecteurs à travers les rues pavées de ce site classé au patrimoine mondial de l'UNESCO. La Maison des Esclaves, ancien centre esclavagiste devenu musée, devient un lieu de réflexion. Le guide plonge dans l'histoire de la traite transatlantique des esclaves, en soulignant le rôle de Dakar dans cette tragédie mondiale. L'exploration de l'île devient une expérience profonde à mesure que les lecteurs se connectent aux histoires humaines gravées sur ses murs.

Rythmes du Sénégal :
Dakar vibre au rythme de la musique sénégalaise et le guide devient un guide harmonieux à travers ce paysage auditif. Des rythmes entraînants des tambours traditionnels Sabar aux airs mélodiques du Mbalax, les lecteurs sont immergés dans les divers genres musicaux qui résonnent dans les rues de

Dakar. Le guide présente des salles de concert emblématiques comme Just 4 U, où les performances live capturent l'esprit musical dynamique de la ville. Des conseils pratiques pour découvrir les festivals de musique locaux, comme le Festival de Jazz de Dakar, permettent aux lecteurs de profiter pleinement de la richesse sonore de la scène culturelle dakaroise.

Expressions artistiques :
Les rues de Dakar se transforment en galerie à ciel ouvert et le guide devient un conservateur d'art, dévoilant les expressions artistiques vibrantes de la ville. Les peintures murales et les graffitis deviennent des toiles qui racontent des histoires de résilience, de commentaires politiques et de fierté culturelle. Le guide dirige les lecteurs vers Le Village des Arts, une commune d'artistes où la créativité s'épanouit. Des conseils pratiques pour interagir avec des artistes locaux, comprendre la signification des installations d'art public et explorer des galeries contemporaines comme la Biennale de Dakar permettent aux lecteurs de s'immerger dans la scène artistique dynamique de Dakar.

Traditions cérémonielles :

Les cérémonies et rituels traditionnels font partie intégrante de la tapisserie culturelle de Dakar, et le guide devient un interprète culturel, révélant l'importance de ces pratiques. Le guide donne un aperçu de cérémonies telles que le Grand Magal de Dakar, un pèlerinage religieux, et des matchs de lutte sénégalais animés qui mettent en valeur à la fois les prouesses physiques et la fierté culturelle. Les lecteurs sont encouragés à s'engager dans le respect des traditions locales, qu'il s'agisse de participer à des célébrations communautaires ou d'observer des cérémonies religieuses.

Patrimoine Culinaire:
Les rues de Dakar sont un banquet de saveurs et le guide se transforme en guide culinaire, faisant découvrir aux lecteurs les délices gastronomiques de la ville. La cuisine sénégalaise, avec ses épices audacieuses et ses influences diverses, devient un thème central. Le guide guide les lecteurs à travers les marchés locaux comme Soumbedioune, offrant des conseils pratiques sur la sélection d'ingrédients frais pour les plats traditionnels. Explorer les restaurants locaux, des modestes stands de rue servant la Thiéboudienne aux restaurants haut de gamme proposant une fusion de saveurs

sénégalaises et internationales, devient une aventure culinaire guidée par les idées du livre.

À mesure que les lecteurs explorent la tapisserie culturelle de Dakar, le guide devient une passerelle vers la compréhension de l'identité nuancée de la ville. La riche histoire de Dakar, sa musique palpitante, sa scène artistique dynamique, ses cérémonies traditionnelles et sa cuisine savoureuse convergent pour créer une expérience immersive qui va au-delà de la surface. Le guide invite les lecteurs à démêler les différentes couches de la tapisserie culturelle de Dakar, favorisant un lien profond avec l'âme de la ville.

Naviguer dans les coutumes locales

Naviguer dans les coutumes locales à Dakar revient à apprendre la langue silencieuse qui lie la société sénégalaise : une langue de respect, de chaleur et d'harmonie communautaire. Au fur et à mesure que les lecteurs s'aventurent dans ce paysage culturel, le guide devient une boussole culturelle, dévoilant les nuances des salutations, des gestes et des étiquettes traditionnels qui sont la clé de voûte des interactions sociales à Dakar.

Salutations traditionnelles :
A Dakar, les salutations ne sont pas de simples formalités ; ce sont des rituels qui transmettent un profond sentiment de respect et de communauté. Le guide se transforme en tuteur de langue, présentant aux lecteurs les salutations habituelles telles que le chaleureux « Salaam Aleikum » (La paix soit sur vous) et la réponse « Aleikum Salaam » (Et que la paix soit sur vous). L'importance d'une poignée de main ferme ou d'une douce étreinte dans la culture sénégalaise devient évidente. Des conseils pratiques sur la manière de saluer d'abord les aînés et de reconnaître les individus dans un groupe garantissent que les lecteurs naviguent dans ces coutumes avec sensibilité culturelle.

La communication non verbale:
Au-delà des mots, le tissu social de Dakar est tissé de gestes qui communiquent des volumes. Le guide devient un interprète de gestes, élucidant la signification d'un hochement de tête, d'un léger effleurement sur l'avant-bras ou d'une tasse partagée d'attaya (thé sénégalais). Comprendre les subtilités de la communication non verbale devient la clé pour forger de véritables liens. Le guide encourage les

lecteurs à rendre la pareille à ces gestes, favorisant ainsi un sentiment d'appartenance et de camaraderie au sein de la communauté locale.

Social Etiquettes:
La société sénégalaise accorde une grande importance à l'harmonie sociale et à la vie en communauté. Le guide se transforme en un coach d'étiquette, guidant les lecteurs sur les comportements qui contribuent à cette coexistence harmonieuse. L'exploration du concept de téranga, la valeur sénégalaise d'hospitalité et de gentillesse, devient un thème central. Le guide encourage les lecteurs à accepter les invitations à partager des repas, à assister à des rassemblements locaux et à participer à des événements communautaires. Des conseils pratiques sur l'acceptation gracieuse des offrandes et les gestes de gentillesse réciproques garantissent que les lecteurs s'engagent dans la tapisserie sociale de Dakar avec une conscience culturelle.

Respecter les aînés et les traditions :
Le paysage culturel de Dakar est enraciné dans un profond respect pour les aînés et un respect pour les traditions. Le guide devient le gardien de ces

valeurs, exhortant les lecteurs à approcher les aînés avec déférence et humilité. Les aperçus des rassemblements communautaires, tels que les séances de contes traditionnelles des griots, deviennent des fenêtres sur la riche tradition orale du Sénégal. Des conseils pratiques pour participer respectueusement à ces rassemblements et adopter la sagesse des aînés garantissent que les lecteurs ne deviennent pas seulement des observateurs mais des participants actifs aux rituels culturels de Dakar.

Pratiques religieuses:
La religion joue un rôle important dans la culture sénégalaise et le guide devient un guide spirituel, offrant un aperçu des coutumes et pratiques islamiques. Qu'il s'agisse de comprendre l'importance de l'appel à la prière qui résonne dans la ville ou de respecter le caractère sacré des mosquées, les lecteurs disposent des connaissances nécessaires pour s'engager avec respect dans le tissu religieux de Dakar. Des conseils pratiques sur la tenue vestimentaire appropriée lors d'événements religieux et la participation à des célébrations culturelles comme le Ramadan enrichissent encore l'expérience culturelle.

Market Etiquettes:

Les marchés animés de Dakar sont des centres dynamiques d'activité sociale, et le guide se transforme en un compagnon de marché, guidant les lecteurs à travers les étiquettes du marchandage, de la négociation et de l'engagement avec les vendeurs locaux. Des conseils pratiques pour maintenir une attitude amicale, exprimer un véritable intérêt pour l'artisanat local et négocier avec respect garantissent que les lecteurs naviguent sur les marchés avec une sensibilité culturelle. Le guide encourage les lecteurs à considérer ces interactions non seulement comme des transactions mais aussi comme des opportunités d'échange culturel.

Conseils pratiques de voyage

Se lancer dans un voyage à Dakar implique non seulement l'anticipation d'une immersion culturelle, mais également la nécessité de préparations pratiques pour garantir une expérience fluide et agréable. Ce chapitre, « Conseils pratiques de voyage », sert de guide complet, offrant un aperçu des aspects essentiels tels que le transport, l'hébergement, la sécurité, les informations locales et les stratégies d'économie d'argent. Au fur et à mesure que les lecteurs plongent dans ce trésor pratique, le guide se transforme en un compagnon de confiance, fournissant de précieux conseils pour améliorer chaque aspect de leur aventure sur le Dakar.

Perspectives sur les transports :
L'atmosphère dynamique de Dakar nécessite un transport efficace, et le guide devient un navigateur à travers les diverses options de mobilité de la ville. Des conseils pratiques sur l'utilisation des transports publics, tels que les bus et les taxis partagés, offrent aux lecteurs des moyens rentables de se déplacer dans la ville. De plus, des informations sur la location de taxis privés ou l'utilisation d'applications de covoiturage garantissent flexibilité et commodité. Le guide plonge également dans l'expérience unique des transports locaux dynamiques de Dakar, tels que les voitures rapides colorées et les calèches, offrant aux lecteurs un aperçu de la culture éclectique des déplacements domicile-travail de la ville.

Recommandations d'hébergement :
Choisir le bon hébergement est essentiel pour un séjour confortable, et le guide se transforme en

consultant en hébergement, offrant un aperçu des différentes options. Des hôtels de charme situés dans les quartiers chics aux maisons d'hôtes économiques, les lecteurs disposent d'un éventail de choix répondant à différentes préférences et budgets. Des conseils pratiques sur la réservation d'hébergement à l'avance, en tenant compte de la proximité des principales attractions, et la lecture des commentaires des clients garantissent que les lecteurs trouvent un hébergement qui correspond à leur style de voyage. Le guide explore également la possibilité de s'immerger dans la culture locale à travers des séjours chez l'habitant, offrant une perspective unique sur l'hospitalité sénégalaise.

Conseils de sécurité :
Naviguer dans les rues animées de Dakar est une aventure en soi, et le guide devient un défenseur de la sécurité, offrant des conseils pratiques pour garantir une exploration en toute sécurité. Un aperçu des quartiers de la ville, mettant l'accent sur les zones dynamiques et accueillantes, contribue à la confiance des lecteurs dans la navigation à Dakar. Des conseils pratiques sur la sauvegarde des objets

de valeur, la connaissance des coutumes locales et la compréhension des coordonnées d'urgence garantissent que les lecteurs peuvent profiter de leur exploration en toute tranquillité d'esprit. Le guide aborde également les considérations de santé, recommande des vaccinations et fournit des informations sur les services médicaux disponibles dans la ville.

Informations locales pour des expériences immersives:
L'authenticité de Dakar réside dans ses expériences locales, et le guide se transforme en concierge culturel, offrant des perspectives qui vont au-delà des activités touristiques typiques. Des restaurants cachés servant une authentique cuisine sénégalaise aux quartiers hors des sentiers battus au flair artistique, les lecteurs ont accès aux joyaux locaux. Des conseils pratiques pour interagir de manière respectueuse avec les habitants, participer à des événements communautaires et profiter de la vie animée des rues de la ville garantissent une immersion culturelle plus profonde. Le guide devient un lien culturel, favorisant les liens entre les lecteurs et la riche tapisserie de la vie communautaire de Dakar.

Meilleurs moments pour visiter et considérations météorologiques :

Le climat de Dakar joue un rôle important dans la détermination des meilleurs moments pour visiter, et le guide devient un conseiller météo, offrant un aperçu des variations saisonnières. Des conseils pratiques sur le choix des mois optimaux, la prise en compte des préférences météorologiques et la planification d'événements spéciaux tels que les festivals culturels améliorent la capacité des lecteurs à adapter leur visite. Le guide explore également les expériences uniques qu'offre chaque saison, des festivals de rue animés aux journées sereines à la plage, garantissant que les lecteurs peuvent aligner leurs projets de voyage sur le calendrier dynamique de Dakar.

Articles essentiels à emporter :

Faire ses valises pour Dakar nécessite une réflexion approfondie, et le guide se transforme en un expert en matière d'emballage, offrant un aperçu des articles essentiels. Des vêtements légers et respirants adaptés au climat tropical à la crème solaire et aux insectifuges pour les explorations en plein air, les lecteurs obtiennent des conseils pratiques pour se préparer aux divers environnements de Dakar. Le guide explore également les tenues vestimentaires culturellement sensibles, fournissant des recommandations qui correspondent aux coutumes locales et garantissent une expérience respectueuse. Des conseils pratiques sur l'emballage d'un adaptateur de voyage polyvalent et d'une trousse de premiers secours de base ajoutent une couche de préparation pour un voyage sans souci.

Stratégies d'économie d'argent :
Les considérations financières font partie intégrante de la planification du voyage et le guide devient un conseiller financier, proposant des stratégies pratiques pour optimiser les dépenses. De l'utilisation de la monnaie locale à la négociation sur les marchés, les lecteurs acquièrent un aperçu des pratiques d'économie d'argent qui contribuent à une aventure respectueuse de leur budget. Des conseils pratiques sur la compréhension du coût de la vie local, l'exploration des options de restauration de rue et l'utilisation des transports en commun pour des déplacements rentables garantissent que les lecteurs peuvent tirer le meilleur parti de leur budget sans compromettre leurs expériences. Le guide permet aux lecteurs de naviguer à Dakar de manière

économique, en transformant les considérations financières en opportunités d'expériences diverses et enrichissantes.

CHAPITRE DEUX

ODYSSÉE HISTORIQUE

L'odyssée historique de Dakar commence avec le peuple Lébou, qui a jeté les bases de la ville de la péninsule du Cap-Vert. En tant que marins qualifiés, les Lébou ont fondé des communautés de pêcheurs prospères qui sont devenues le centre animé que nous connaissons aujourd'hui. Le nom « Dakar », dérivé du mot wolof « Ndakaaru », désigne les tamariniers qui ornaient autrefois son paysage, offrant un lien tangible avec les premières racines de la ville. Au fil des siècles, la situation stratégique de Dakar a attiré les puissances européennes, notamment les Portugais puis les Français, laissant un héritage colonial durable. L'influence française au XIXe siècle a façonné l'architecture, la fusion culturelle et les structures sociétales de la ville, créant un mélange distinctif d'éléments européens et africains qui résonnent encore dans le tissu urbain de Dakar.

Le milieu du XXe siècle a marqué le début d'un nouveau chapitre avec l'indépendance du Sénégal en 1960. Dakar, assumant son rôle de capitale, est devenue un symbole de la nouvelle souveraineté de la nation. Cette période a vu l'émergence de dirigeants influents comme Léopold Sédar Senghor, qui ont contribué à façonner l'identité du Sénégal après l'indépendance. Le Dakar moderne témoigne de la résilience et de la diversité de sa population, embrassant une riche tapisserie culturelle qui reflète l'héritage de la nation. Les efforts en cours pour préserver les monuments historiques, tels que la Maison des Esclaves sur l'île de Gorée et la Grande Mosquée de Dakar, soulignent l'engagement à honorer le passé complexe de la ville tout en favorisant un présent dynamique. Dans cette odyssée historique, Dakar se présente comme un récit vivant, tissant les fils du temps dans une histoire vibrante et évolutive.

Origines de Dakar

Le voyage de Dakar à travers le temps est un récit qui se déroule dans les pages captivantes de l'histoire de l'Afrique de l'Ouest. Les racines de cette ville dynamique plongent profondément dans les annales du temps, trouvant leurs origines dans le peuple Lébou. Originaires de la péninsule du Cap-Vert, où Dakar se dresse fièrement aujourd'hui, les Lébou étaient des experts marins qui naviguaient sur les eaux avec habileté et précision. Leur lien avec la mer n'était pas seulement utilitaire mais posait les bases de communautés de pêcheurs prospères le long des régions côtières. Ces colonies, regorgeant de vie et d'industries, se sont progressivement métamorphosées en le centre dynamique et palpitant que nous reconnaissons aujourd'hui sous le nom de Dakar.

Le nom même de « Dakar » porte en lui les échos d'un héritage linguistique qui traverse les cultures. Dérivé du mot wolof « Ndakaaru », qui signifie tamarinier, le nom résume un lien avec le paysage primitif de la ville. Les tamariniers, avec leurs branches gracieuses et leur feuillage distinctif, ornaient autrefois Dakar, offrant ombre et beauté à ses habitants. Dans le récit évolutif de l'histoire de Dakar, ce nom devient plus qu'une étiquette linguistique ; il devient un symbole d'enracinement et un clin d'œil aux éléments naturels qui ont façonné l'identité de la ville.

Au fur et à mesure que Dakar prenait de l'importance, elle est devenue un centre essentiel du commerce, sa situation géographique agissant comme un lien reliant l'Afrique de l'Ouest aux commerçants européens et arabes. Les marchés et les ports animés de la ville résonnaient d'échanges dynamiques de biens, d'idées et de cultures. Des commerçants venus de pays lointains apportèrent leurs marchandises et Dakar devint un creuset où convergeaient diverses influences. Ce croisement de cultures a jeté les bases de l'éthos cosmopolite qui caractérise Dakar aujourd'hui.

L'héritage maritime du peuple Lébou a continué à prospérer à mesure que Dakar devenait une porte maritime. L'emplacement stratégique de la ville facilitait les routes commerciales maritimes, favorisant la vitalité économique et les échanges culturels. Lorsque les navires entraient dans le port de Dakar, ils apportaient non seulement des marchandises mais aussi un amalgame de traditions et de coutumes. Les rues de la ville résonnaient avec les langues de différentes nations et ses marchés devenaient des espaces vibrants où les couleurs et les textures de diverses cultures se mélangeaient harmonieusement.

Le dynamisme des premières années de Dakar, façonné par l'expertise maritime des Lébous, témoigne de la résilience et de l'adaptabilité de sa population. Ce n'est pas simplement une convergence de facteurs géographiques, mais une confluence d'efforts humains et d'ingéniosité qui a propulsé Dakar à une position de premier plan dans le paysage ouest-africain.

À mesure que Dakar assumait son rôle de plaque tournante commerciale, elle est devenue un carrefour d'interactions culturelles. La fusion des influences ouest-africaines, européennes et arabes a donné naissance à une culture urbaine unique et dynamique. Les rues de Dakar sont devenues une toile peinte aux couleurs de la diversité – un témoignage vivant de la coexistence de traditions variées. Le paysage architectural de la ville a commencé à refléter cette fusion, avec des structures faisant écho aux influences de différentes époques, des édifices coloniaux aux conceptions indigènes.

Les marées du temps coulaient et descendaient, et Dakar continuait d'évoluer, absorbant les courants de l'histoire dans son essence. Le nom « Dakar » résonne non seulement avec les tamariniers qui ornaient autrefois son paysage, mais aussi avec la résilience et l'adaptabilité du peuple Lébou. Il constitue un témoignage vivant de l'interdépendance des cultures, de la vitalité du commerce et de l'esprit durable d'une ville qui a résisté aux tempêtes du temps.

Héritage colonial

L'héritage colonial gravé dans le tissu de l'histoire de Dakar est un récit qui se déroule sur fond d'expansionnisme européen, d'ambitions économiques et de rencontres culturelles. Au XVe siècle, les Portugais ont jeté leur regard sur les côtes ouest-africaines, marquant les premiers fils de l'influence coloniale dans la région. Leur arrivée a marqué le début d'une ère d'interactions qui façonneront le destin de Dakar, mais ce sont les Français, au cours des siècles suivants, qui exerceront un impact profond et durable sur la ville.

Au XIXe siècle, Dakar était devenue un avant-poste clé pour les Français, assumant un rôle stratégique de base commerciale et de porte d'entrée vers la vaste étendue des territoires d'Afrique de l'Ouest. La rade naturelle et la situation géographique de la ville en faisaient un pôle idéal pour les activités maritimes. Les marchands et explorateurs français, attirés par l'attrait des richesses de l'Afrique de l'Ouest, ont établi une présence significative à Dakar, consolidant ainsi le statut de la ville en tant que pilier de l'entreprise coloniale française.

Le paysage architectural de Dakar porte les empreintes durables de cette époque coloniale. Des bâtiments d'inspiration française, ornés de façades ornées et d'arches élégantes, parsèment le paysage urbain, servant de marqueurs tangibles d'une époque révolue. La juxtaposition des structures coloniales sur fond d'éléments indigènes de Dakar crée une tapisserie visuelle qui témoigne de l'interaction complexe des cultures et des histoires. Des bâtiments gouvernementaux aux quartiers résidentiels, l'héritage architectural du colonialisme français reste partie intégrante de l'identité urbaine de Dakar.

Au-delà des structures physiques, la période coloniale a catalysé des changements transformateurs dans la culture et la structure sociétale de Dakar. L'introduction du christianisme est devenue une marque de cette époque, avec des églises s'élevant aux côtés des mosquées, marquant une transformation religieuse significative. Les échos du colonialisme résonnent dans le paysage spirituel de Dakar, où coexistent diverses pratiques religieuses, reflétant la confluence historique des systèmes de croyance européens et africains.

Le mélange d'éléments culturels européens et africains au cours de cette période n'était pas un simple amalgame superficiel mais une fusion profonde de traditions, de langues et de modes de vie. Dakar est devenue un creuset d'échanges culturels, où les administrateurs coloniaux français ont interagi avec la population locale, laissant un impact indélébile sur le tissu social. Cette fusion s'est manifestée dans divers aspects de la vie quotidienne – de la cuisine et de la mode à la langue et aux coutumes sociales. La résilience des Dakarois à naviguer dans ces carrefours culturels est devenue une caractéristique déterminante de l'identité de la ville.

Si l'héritage colonial a apporté des défis indéniables, notamment l'exploitation, les bouleversements culturels et la dislocation sociale, il a également semé les graines de la résistance et de la résilience. L'esprit indomptable des habitants de Dakar, enraciné dans leur profond héritage culturel, leur a permis de naviguer dans les complexités du régime colonial tout en conservant l'essence de leur identité.

Alors que nous réfléchissons à l'héritage colonial de Dakar, il est essentiel de reconnaître que l'identité contemporaine de la ville est une tapisserie tissée à partir des fils de ses racines autochtones et des influences de l'histoire coloniale. L'empreinte française sur Dakar n'est pas une relique statique mais une force dynamique qui continue de façonner l'évolution de la ville. La résilience de Dakar réside non seulement dans sa capacité à absorber les influences extérieures, mais aussi dans sa capacité à les réinterpréter et à les redéfinir, ouvrant ainsi un chemin unique qui honore à la fois le passé et le présent.

Indépendance et histoire moderne

Le milieu du XXe siècle a marqué un chapitre capital dans l'histoire de Dakar, alors que la ville, ainsi que l'ensemble du Sénégal, se sont lancés dans un voyage pour affirmer leur autonomie et leur indépendance face aux chaînes de la domination coloniale. En 1960, le point culminant d'années de lutte et de négociations politiques a vu le Sénégal devenir une nation souveraine, Dakar assumant fièrement le rôle de capitale. Ce moment décisif a marqué non seulement la naissance d'une nation mais aussi le début du récit postcolonial de Dakar.

Léopold Sédar Senghor, figure marquante de la vie politique et intellectuelle sénégalaise, a joué un rôle central dans l'élaboration de la trajectoire initiale du Sénégal après l'indépendance. Senghor, poète et philosophe influent, est devenu le premier président du Sénégal et une figure emblématique de la lutte plus large pour la libération de l'Afrique. Son leadership a mis l'accent sur un engagement en faveur de la gouvernance démocratique, de la préservation culturelle et de la cohésion sociale – des principes qui laisseraient un impact durable sur l'identité en évolution de Dakar.

La période post-indépendance à Dakar a été caractérisée par un degré remarquable de stabilité politique, surtout si on la compare aux transitions tumultueuses vécues par certains de ses homologues africains. L'attachement aux principes démocratiques et à une gouvernance pacifique a jeté les bases d'une société qui cherchait à concilier son passé historique avec une vision de l'avenir. Dakar, en tant que capitale, est devenue un microcosme de la richesse et de la diversité culturelles du Sénégal.

Les rues de la ville, autrefois pleines des traces de la domination coloniale, se sont transformées en une tapisserie vibrante de cultures. Dakar est apparue comme un creuset où divers groupes ethniques coexistaient harmonieusement, favorisant un environnement qui célébrait la diversité. La musique traditionnelle, écho poignant du riche patrimoine sénégalais, résonnait dans les ruelles, tandis que les arômes de la cuisine locale s'échappaient des vendeurs ambulants, séduisant les passants avec les saveurs de la gastronomie sénégalaise.

L'un des symboles durables du dynamisme culturel de Dakar après l'indépendance est le rythme palpitant de la musique sénégalaise. La scène musicale de la ville, fortement influencée par les rythmes traditionnels et les genres modernes, a acquis une renommée internationale. Des icônes comme Youssou N'Dour et Baaba Maal, enracinées dans le sol culturel de Dakar, sont devenues des ambassadeurs mondiaux de la musique sénégalaise, insufflant à la scène mondiale les rythmes distinctifs de la nation.

La cuisine, elle aussi, est devenue une ambassadrice culturelle de Dakar. Les marchés de la ville offraient un festin sensoriel, avec des étals regorgeant de produits frais, d'épices vibrantes et de prises du jour. Les vendeurs de rue ont servi des spécialités locales, de la savoureuse thieboudienne, le plat national du Sénégal, aux irrésistibles pastels, de délicieuses pâtisseries qui ravissent les papilles. Le paysage culinaire de Dakar reflète non seulement les traditions gastronomiques du Sénégal mais aussi la capacité de la ville à mélanger les influences, tant locales qu'internationales, dans une mosaïque culinaire.

L'engagement du Sénégal en faveur de la préservation culturelle est évident dans la scène artistique dynamique de Dakar. La ville accueille la célèbre Biennale de Dakar, une vitrine de l'art contemporain africain qui attire des artistes, des conservateurs et des passionnés du monde entier. Le Musée IFAN des Arts Africains de Dakar témoigne de l'engagement de la nation à préserver et à promouvoir son patrimoine artistique. Le musée, avec sa vaste collection d'art africain traditionnel et contemporain, offre un espace de réflexion sur l'intersection de l'histoire et de la créativité.

Alors que Dakar saisissait les opportunités et les défis de l'ère post-indépendance, le paysage urbain de la ville a subi des transformations qui reflétaient un engagement en faveur du progrès. Le développement des infrastructures, notamment des bâtiments modernes et des réseaux de transport, a remodelé l'horizon de la ville. Dakar est devenue non seulement une tapisserie historique mais une métropole dynamique, emblématique de la vision tournée vers l'avenir du Sénégal.

L'engagement en faveur de la démocratie à Dakar s'est manifesté par des élections régulières, au cours desquelles le pouvoir politique est transféré pacifiquement. Cette stabilité politique a contribué à créer un environnement propice à la croissance économique et au développement. L'économie de Dakar s'est diversifiée, avec des secteurs tels que la finance, les télécommunications et le tourisme jouant un rôle central. Le statut de la ville en tant que pôle économique régional a attiré des entreprises et des investisseurs internationaux, contribuant ainsi à son caractère cosmopolite.

Préserver les monuments historiques

La préservation des monuments historiques de Dakar est devenue une entreprise impérative, un équilibre délicat entre la modernité palpitante de la ville et les échos de son passé riche. Ces monuments sont les gardiens du récit de la ville, comblant le fossé temporel entre les époques et reliant les générations présentes et futures à leurs racines culturelles.

L'île de Gorée, juste au large de Dakar, abrite l'un de ces monuments poignants : la Maison des Esclaves. Désigné site du patrimoine mondial de l'UNESCO, cet édifice historique constitue un puissant témoignage de la traite transatlantique des esclaves qui a marqué les pages de l'histoire de l'humanité. La

Maison des Esclaves, avec sa solennelle « Porte du non-retour », sert de portail vers un chapitre sombre, offrant aux visiteurs un lien tangible avec les expériences déchirantes de ceux qui ont été emmenés de force sur les côtes de l'Afrique de l'Ouest. Préserver ce site sombre mais essentiel est un engagement en faveur de la mémoire collective, un vœu de garantir que les horreurs du passé ne soient pas oubliées. La Maison des Esclaves, avec ses couloirs obsédants et ses pièces exiguës, devient une salle de classe vivante, éduquant les visiteurs sur la résilience de l'esprit humain face à une adversité inimaginable.

En contraste frappant avec l'histoire douloureuse incarnée par la Maison des Esclaves, la Grande Mosquée de Dakar apparaît comme un symbole d'harmonie religieuse et de splendeur architecturale. Cette structure emblématique témoigne de la tradition de tolérance et de coexistence du Sénégal, où l'islam et les croyances autochtones d'Afrique de l'Ouest se sont harmonieusement tissées. L'architecture distinctive de la mosquée reflète une synthèse des influences islamiques et ouest-africaines, avec des motifs géométriques complexes ornant ses murs et ses minarets s'étendant vers le ciel. En tant qu'ancre spirituelle au cœur de Dakar, la mosquée sert non seulement la communauté musulmane, mais constitue également un emblème d'unité, rappelant à la ville sa diversité religieuse.

Trésor culturel, le Musée IFAN des Arts Africains de Dakar est un autre monument essentiel dédié à la préservation et à la mise en valeur du riche patrimoine artistique du Sénégal. Cette institution se présente comme la gardienne de la diversité culturelle du pays, abritant une vaste collection d'art africain traditionnel et contemporain. Des masques finement sculptés aux peintures vibrantes qui racontent des histoires des siècles passés, le musée est un référentiel dynamique qui invite les visiteurs à se lancer dans un voyage visuel à travers l'évolution artistique du Sénégal. En préservant et en exposant ces expressions artistiques, le musée IFAN célèbre non seulement l'identité culturelle du Sénégal, mais favorise également l'appréciation de la créativité et du savoir-faire qui définissent le patrimoine national.

Alors que Dakar continue d'embrasser ses monuments historiques, les efforts de préservation vont au-delà de la simple conservation. Ces dernières années, une attention concertée sur le tourisme durable a émergé, reconnaissant la nécessité d'équilibrer la préservation des sites historiques avec les besoins économiques de la communauté. Les initiatives locales, souvent portées par des membres passionnés de la communauté, visent à garantir que les monuments historiques de Dakar ne soient pas des reliques isolées mais des entités vivantes qui contribuent activement à la vitalité culturelle et économique de la ville.

Les communautés locales entourant les sites historiques, tels que l'île de Gorée, sont devenues des intendants actifs dans le processus de préservation. Ces communautés font partie intégrante du modèle de tourisme durable, garantissant que l'afflux de visiteurs se traduit par des avantages pour l'économie locale. Les initiatives vont des visites guidées menées par des habitants compétents à la création de marchés artisanaux mettant en valeur l'artisanat traditionnel. En impliquant activement la communauté, les efforts de préservation deviennent des projets de collaboration qui responsabilisent les résidents et créent une relation symbiotique entre la conservation du patrimoine et le bien-être économique.

Les collaborations internationales jouent également un rôle important dans les efforts en cours visant à préserver les monuments historiques de Dakar. Les partenariats avec l'UNESCO et d'autres organisations mondiales fournissent non seulement un soutien financier, mais également une expertise en matière de pratiques de conservation. Ces collaborations incluent souvent des programmes de renforcement des capacités des conservateurs et des professionnels locaux, garantissant que les connaissances et les compétences requises pour l'entretien des sites historiques sont transférées et maintenues au fil du temps.

En outre, la promotion de pratiques touristiques responsables et éthiques fait partie intégrante du programme de conservation. Les initiatives de tourisme durable visent à minimiser l'impact environnemental des visiteurs, en veillant à ce que les écosystèmes délicats entourant les monuments historiques restent protégés. Les programmes éducatifs qui mettent l'accent sur l'importance du respect des cultures et traditions locales sont également cruciaux, favorisant le sens des responsabilités chez les touristes.

CHAPITRE 3

DES QUARTIERS VIBRANTS

Dakar, positionnée comme le cœur palpitant du Sénégal, incarne un récit captivant qui trouve son expression dans ses quartiers diversifiés et dynamiques. Chaque coin de cette ville côtière raconte une histoire unique, contribuant à la riche tapisserie de l'identité culturelle, économique et sociale de Dakar. En parcourant les ruelles enchanteresses de Médina, nous sommes plongés dans un voyage sensoriel où la tradition rencontre la modernité. Les marchés animés, résonnant au rythme de la musique locale, et l'architecture traditionnelle sénégalaise ornée de teintes audacieuses créent une toile vivante qui capture l'essence de la fusion culturelle de Dakar. Médina témoigne de la résilience des Dakarois, où la vie quotidienne se déroule au milieu des échos de l'histoire, reliant les résidents aux racines de leur patrimoine.

Savourer le charme côtier des Almadies présente une autre facette de Dakar : une oasis tranquille le long de la côte atlantique. Ce quartier, souvent comparé au « Petit Copacabana » de Dakar, embrasse le charme de la vie balnéaire avec sophistication. Le sable doré s'étend le long des eaux azurées et les surfeurs naviguent avec grâce sur les vagues, créant une ambiance sereine. Almadies allie harmonieusement la beauté de la nature à un style de vie cosmopolite, offrant aux résidents et aux visiteurs un répit loin de l'agitation urbaine. Alors que le soleil se couche à l'horizon, le ciel se transforme en un panorama à couper le souffle, projetant des teintes qui reflètent la tranquillité et la beauté de ce havre côtier. Almadies témoigne de la capacité de Dakar à harmoniser la splendeur naturelle avec la vie contemporaine, ajoutant ainsi un chapitre unique à la diversité urbaine de la ville.

Explorations de la Médina

Médina, quartier animé niché au cœur de Dakar, est un témoignage vivant de la richesse culturelle qui définit la ville. En entrant dans ce quartier, c'est comme entrer dans une toile vivante et dynamique où les fils de la tradition et de la modernité s'entrelacent de manière complexe. L'air résonne avec les sons rythmés de la musique locale, créant une toile de fond mélodique qui plonge les visiteurs dans la symphonie culturelle de Dakar. Les rues animées de Médina vibrent de l'énergie vibrante de la vie quotidienne, chaque pas révélant une facette de l'âme de la ville.

Au cœur de Médine se trouve son vaste marché – un kaléidoscope sensoriel qui capture l'essence du patrimoine sénégalais. Les stands regorgent d'une gamme éblouissante de textiles artisanaux, de bijoux complexes et d'un assortiment d'épices qui enflamment les sens. Le marché est un centre d'activité animé, où les habitants s'engagent dans des conversations animées, leurs tenues traditionnelles vibrantes ajoutant des touches de couleur à la tapisserie visuelle. Les battements résonants du Djembe, un tambour emblématique d'Afrique de l'Ouest, résonnent en arrière-plan, insufflant à l'air une pulsation rythmique qui donne le ton au rythme quotidien de la vie à Médine.

En déambulant dans les ruelles étroites qui sillonnent ce quartier, on rencontre les merveilles architecturales des maisons traditionnelles sénégalaises. Les maisons ornées de teintes vives et de motifs géométriques complexes sont de fiers représentants de l'artisanat indigène. La juxtaposition de couleurs et de formes crée un spectacle visuel, un mélange harmonieux d'expression artistique et de design fonctionnel. Les artisans, profondément enracinés dans leur métier, exercent leur métier dans des ateliers ouverts, leurs mains façonnant habilement des sculptures en bois et tressant des paniers complexes. Ces artisans qualifiés sont les gardiens de traditions séculaires, transmettant leur savoir-faire à travers les générations. Médina, par essence, devient un musée vivant où le patrimoine matériel de Dakar est préservé et célébré.

La fusion culturelle au sein de Médine s'étend au-delà de ses offres tangibles pour englober l'esprit intangible de la communauté. C'est un lieu où les traditions autochtones s'intègrent parfaitement au dynamisme de la vie urbaine contemporaine. Sur les places de marché et dans les espaces de rassemblement, la diversité de la population de Dakar devient apparente, reflétant l'histoire de la ville en tant que creuset de cultures. Ici, les conversations se déroulent dans différentes langues et les rires transcendent les frontières culturelles, créant un sentiment d'unité au milieu de la diversité.

L'importance culturelle de Médine est peut-être plus palpable dans le rythme de la vie quotidienne. Le marché devient une scène du théâtre de l'existence, où les histoires se déroulent, les relations se nouent et le pouls de Dakar bat au rythme des rythmes du Djembé. L'esprit communautaire se manifeste dans la joie partagée des célébrations et dans la force collective lors des moments difficiles. C'est un lieu où les habitants trouvent un réconfort dans leur identité culturelle, un sanctuaire où le battement du cœur de Dakar résonne à travers les générations.

La richesse visuelle et auditive de Médina s'étend au-delà de son marché pour englober les délices culinaires du quartier. L'arôme de la cuisine sénégalaise flotte dans l'air, séduisant les passants avec les saveurs des spécialités locales. Les vendeurs ambulants proposent la thieboudienne, le plat national du Sénégal, une délicieuse combinaison de poisson, de riz et de légumes infusés d'épices aromatiques. Les bruits grésillants des grillades cuisant des brochettes de viande ajoutent une symphonie de saveur à l'expérience sensorielle. Le paysage culinaire de Médine témoigne du patrimoine gastronomique de la ville, où les recettes transmises de génération en génération prennent vie dans les cuisines en plein air et les restaurants familiaux.

Alors que le soleil commence à descendre sous l'horizon, transformant le ciel en une toile de teintes chaudes, Médina prend une allure différente. Le passage de la lumière du jour au crépuscule marque le début des rituels nocturnes du quartier. Les lumières vacillantes des cafés en plein air et des petites boutiques créent une atmosphère enchanteresse, invitant les résidents et les visiteurs à s'attarder et à participer à l'esprit communautaire. Les soirées à Médine sont rythmées par la musique live, où des artistes locaux mettent en valeur les riches traditions musicales du Sénégal. Les rythmes rythmiques des instruments traditionnels se mêlent aux mélodies contemporaines, créant un paysage auditif qui capture l'essence de l'évolution culturelle de Dakar.

Au-delà du marché et du rythme de la vie quotidienne, Médina abrite également diverses institutions culturelles qui contribuent à la vitalité artistique du quartier. Le Théâtre Daniel Sorano, un centre culturel de premier plan, accueille des spectacles allant du théâtre traditionnel à la danse contemporaine, offrant ainsi une plateforme permettant aux artistes de s'exprimer et de s'engager avec la communauté. Des galeries et des espaces d'exposition présentent les œuvres d'artistes locaux, enrichissant encore le paysage culturel de Médine.

Ces dernières années, des efforts ont été déployés pour préserver et promouvoir le patrimoine culturel de Médine. La reconnaissance de l'importance du quartier en tant que pôle culturel a conduit à des initiatives visant à revitaliser les sites historiques et à soutenir les artisans locaux. L'objectif n'est pas seulement de conserver le patrimoine matériel et immatériel, mais également de garantir que les générations futures puissent continuer à profiter du dynamisme de la mosaïque culturelle de Dakar.

Almadies : le charme côtier de Dakar

Almadies, un joyau niché le long de la côte atlantique de Dakar, apparaît comme un havre de paix, invitant les résidents et les visiteurs à savourer son charme côtier distinct. Souvent surnommé le « Petit Copacabana » de Dakar, ce quartier allie harmonieusement le charme de la vie à la plage avec une touche de sophistication, offrant un répit face au rythme effréné de l'agitation de la ville. Almadies témoigne de la capacité de Dakar à harmoniser la beauté naturelle avec la vie contemporaine, créant une enclave unique qui capture l'essence de la sérénité côtière.

La caractéristique déterminante des Almadies est son littoral immaculé, où le sable doré s'étend le long des eaux azurées de l'Atlantique. Les plages des Almadies ne sont pas de simples étendues de sable mais de véritables sanctuaires où habitants et visiteurs trouvent réconfort dans le rythme rythmé de la mer. Les surfeurs naviguent avec grâce sur les vagues, leurs silhouettes traversant l'étendue de l'océan en toile de fond. Les rires joyeux des baigneurs se mêlent aux sons apaisants des vagues, créant une atmosphère de pure tranquillité. La chaleur du soleil sénégalais recouvre le rivage, invitant ceux qui recherchent la détente ou l'aventure à se prélasser dans l'ambiance côtière.

Alors que le soleil descend à l'horizon, transformant le ciel en une toile de teintes, les Almadies dévoilent un panorama à couper le souffle au coucher du soleil. L'heure du crépuscule au-dessus de l'Atlantique devient un spectacle du talent artistique de la nature, projetant des teintes d'orange, de rose et de violet qui dansent dans le ciel. Les spectateurs, qu'ils se prélassent sur la plage ou perchés dans un café en bord de mer, sont témoins d'une symphonie de couleurs qui marque la transition du jour à la nuit. Le coucher de soleil aux Almadies n'est pas qu'un instant ; c'est une expérience qui captive les sens et crée des souvenirs impérissables pour ceux qui ont la chance d'être témoins de sa beauté.

Au-delà de son allure côtière, les Almadies offrent un paysage culinaire diversifié qui s'adresse à un large éventail de palais. La gamme éclectique de restaurants et de cafés du quartier est devenue un voyage gastronomique pour les habitants et les visiteurs. Les restaurants de fruits de mer locaux, avec leurs offres de prises du jour, offrent un véritable avant-goût de la générosité maritime du Sénégal. Des plats fraîchement préparés, infusés d'épices aromatiques et de savoir-faire culinaire, offrent une exploration savoureuse de la riche gastronomie de la région. En revanche, les établissements chics des Almadies servent une cuisine internationale, offrant une fusion de saveurs qui reflète le caractère cosmopolite de Dakar. Le mélange d'options de restauration traditionnelles et contemporaines crée une mosaïque culinaire, garantissant que les Almadies restent une destination de gourmandise gastronomique.

La vie nocturne des Almadies ajoute une autre couche à son charme, créant une ambiance qui complète la tranquillité de ses vues côtières. Au coucher du soleil, les sons de la musique et les rires résonnent dans la nuit. Les bars en bord de mer s'animent, proposant un mélange de airs locaux et internationaux qui préparent le terrain pour des rassemblements animés. La vie nocturne des Almadies ne se résume pas à l'énergie trépidante des centres-villes, mais plutôt à une expérience décontractée et sophistiquée où les clients peuvent se détendre au bord de la mer. La combinaison de la musique, des rires et de la douce accalmie des vagues crée une atmosphère enchanteresse, faisant des Almadies une destination pour ceux qui recherchent à la fois la détente et des expériences sociales dynamiques.

Ces dernières années, les Almadies sont également devenues une plaque tournante d'événements culturels et de festivals célébrant les arts et le mode de vie côtier. Les artistes locaux présentent leurs talents lors de spectacles en plein air et les festivals culturels rassemblent les communautés pour se délecter de la beauté des environs. Ces événements contribuent non seulement au dynamisme des Almadies, mais offrent également des plateformes permettant aux artistes locaux de mettre en valeur leur créativité et de favoriser un sentiment de communauté.

Le développement et la durabilité des Almadies en tant que paradis côtier sont devenus des points focaux pour les initiatives communautaires et la gestion de l'environnement. Les organisations locales collaborent pour préserver les plages immaculées, garantissant ainsi la protection du délicat écosystème côtier. Les pratiques de tourisme durable sont encouragées pour minimiser l'impact environnemental des visiteurs, favorisant un équilibre entre la jouissance de la région et la préservation de sa beauté naturelle. Le sens des responsabilités envers l'environnement s'aligne avec le désir de la communauté de sauvegarder les Almadies pour les générations futures.

Quartier du Plateau : les affaires et au-delà

Le quartier du Plateau, enclave emblématique au cœur de Dakar, témoigne de la vitalité économique et de la résonance historique de la ville. Ce quartier animé sert de centre commercial et administratif central, où la juxtaposition de gratte-ciel imposants et de bâtiments de l'époque coloniale crée un mélange dynamique d'ancien et de nouveau. Le Plateau n'est pas seulement le reflet des aspirations modernes de Dakar, mais aussi une toile vivante qui met en valeur la durée de son histoire coloniale, avec de grands édifices historiques côtoyant des merveilles architecturales contemporaines.

L'horizon du Plateau est dominé par d'imposants gratte-ciel qui s'élèvent vers le ciel, symboles de la prouesse économique et de la croissance de Dakar. Ces structures modernes constituent des marqueurs tangibles de l'ambition de la ville et de sa position en tant qu'acteur important dans le paysage économique mondial. Les façades de verre scintillent sous la lumière du soleil, reflétant le dynamisme d'une ville en constante évolution. La présence de sociétés multinationales, d'institutions financières et de sièges sociaux d'entreprises souligne le rôle du

Plateau en tant que centre névralgique des activités économiques de Dakar.

Mais au milieu de la modernité architecturale, le quartier du Plateau porte les échos du passé colonial de Dakar. Les bâtiments historiques, ornés de détails complexes et de façades coloniales, sont les gardiens d'une époque révolue. Ces joyaux architecturaux rappellent l'histoire complexe de Dakar, où l'influence des puissances européennes a laissé une marque indélébile sur le paysage de la ville. La juxtaposition de l'ancien et du nouveau sur le Plateau crée un récit visuel unique, où chaque bâtiment raconte l'histoire du voyage de Dakar à travers le temps.

L'un des monuments les plus importants du Plateau est le Palais présidentiel, un grand édifice aux éléments néoclassiques qui symbolise la centralité politique de Dakar. Le palais est une structure majestueuse qui abrite non seulement le siège du gouvernement, mais sert également d'emblème architectural d'autorité et de gouvernance. La conception néoclassique, avec ses grandes colonnes et sa façade imposante, rend hommage aux influences architecturales européennes historiques tout en affirmant l'identité propre de Dakar dans ce cadre stylistique. Le Palais présidentiel, surplombant le Plateau, devient un point focal qui relie le passé de la ville à son présent, incarnant la continuité du leadership politique au Sénégal.

En journée, les rues du Plateau vibrent d'une activité frénétique, créant une atmosphère dynamique et énergique. Les professionnels en tenue d'affaires se déplacent avec détermination entre les immeubles de bureaux imposants, soulignant le rôle du quartier en tant que quartier central des affaires. Les commerçants et les vendeurs s'installent le long des trottoirs, créant un marché animé où une myriade de produits sont exposés. La diversité du Plateau est palpable sur ces marchés, où les vendeurs vendent de tout, des tissus traditionnels ornés de motifs vibrants aux objets fabriqués localement qui reflètent la richesse du patrimoine culturel du Sénégal.

Les cafés-terrasses disséminés sur le Plateau offrent un refuge à ceux qui recherchent un moment de répit au milieu de l'agitation. L'arôme du café fraîchement moulu se mêle aux sons des conversations animées, créant un cadre harmonieux propice à la contemplation. Les professionnels discutent d'affaires autour de tasses fumantes et l'ambiance de ces cafés devient partie intégrante du rythme quotidien du quartier. Les cafés du Plateau servent d'espaces communs où les idées s'échangent, où les accords sont conclus et où le pouls dynamique de la vie économique de Dakar est palpable.

Au-delà de son rôle d'épicentre commercial, le quartier du Plateau abrite également des institutions culturelles et des monuments historiques qui contribuent à l'identité multiforme du quartier. Les musées et les galeries mettent en valeur le patrimoine artistique et culturel du Sénégal, offrant aux résidents et aux visiteurs la possibilité de s'immerger dans la riche histoire de la nation. Le Plateau devient une destination non seulement pour les efforts économiques mais aussi pour l'exploration intellectuelle et culturelle, favorisant une compréhension holistique du caractère dynamique de Dakar.

Les efforts visant à préserver et à revitaliser les aspects historiques et culturels du Plateau ont pris de l'importance ces dernières années. La restauration des bâtiments de l'époque coloniale, associée à des initiatives visant à promouvoir le tourisme patrimonial, vise à garantir la conservation de l'héritage architectural du quartier. Les autorités locales collaborent avec les conservateurs et les institutions culturelles pour trouver un équilibre entre le développement moderne et la sauvegarde des monuments historiques. L'objectif est de créer une coexistence harmonieuse où le Plateau continue de prospérer en tant que quartier d'affaires dynamique tout en préservant les liens tangibles avec le passé de Dakar.

Trésors résidentiels à Sicap

Sicap, un havre résidentiel niché dans la tapisserie vibrante de Dakar, se dévoile comme une collection de trésors où l'histoire s'entremêle harmonieusement au confort moderne. Ce quartier, divisé en Sicap Amitié et Sicap Liberté, témoigne de l'engagement de Dakar à préserver son patrimoine résidentiel tout en répondant aux exigences de la vie contemporaine. Les rues bordées d'arbres feuillus et de maisons élégantes créent une atmosphère de tranquillité, offrant aux résidents un havre de paix au milieu de l'agitation urbaine.

Sicap Amitié, avec ses avenues bordées d'arbres et ses résidences spacieuses, donne un aperçu de la richesse résidentielle de Dakar. Le paysage architectural de cette section de Sicap est un mélange éclectique, mettant en vedette des villas de l'époque coloniale qui respirent un charme historique et des maisons contemporaines qui incarnent les principes du design moderne. Chaque structure raconte une histoire unique, reflétant l'évolution de l'histoire et l'évolution des goûts des habitants de Dakar au fil des ans.

Les avenues bordées d'arbres de Sicap Amitié évoquent un sentiment de sérénité, créant un décor pittoresque pour les résidences qui ornent ses rues. Les jardins soigneusement entretenus, ornés de fleurs aux couleurs vives, contribuent à l'ambiance générale, offrant aux résidents un sentiment de retraite au sein de la ville. Ces espaces verts deviennent non seulement des éléments esthétiques mais aussi des espaces communs où les voisins peuvent se rassembler, favorisant un sentiment de communauté au sein de Sicap Amitié.

Les villas de l'époque coloniale de Sicap Amitié sont des trésors architecturaux préservant l'élégance et le charme d'une époque révolue. Caractérisées par des éléments distinctifs tels que des balcons en fer forgé, des toits de tuiles et des détails complexes, ces maisons rappellent le passé colonial de Dakar. Les résidents et les visiteurs sont transportés dans le temps en parcourant les rues bordées de ces structures historiques, chacune racontant un chapitre unique de l'évolution architecturale de Dakar.

En revanche, Sicap Liberté dégage une touche moderne, présentant une ligne d'horizon définie par des appartements de grande hauteur et des maisons de ville chics. Cette section de Sicap reflète l'adoption par Dakar d'un style de vie cosmopolite, où le design contemporain et la commodité occupent une place centrale. Les appartements de grande hauteur offrent une vue panoramique sur la ville, tandis que les maisons de ville chics aux façades élégantes contribuent à l'esthétique moderne du quartier.

Sicap Liberté n'est pas seulement une enclave résidentielle mais un pôle dynamique où cafés, boutiques et espaces culturels parsèment les rues. Le quartier respire une énergie cosmopolite, avec des résidents bénéficiant d'un mélange harmonieux de commodité et de loisirs. Les cafés-terrasses deviennent des espaces sociaux où les gens se rassemblent pour partager des conversations, ajoutant du dynamisme aux rues. Les boutiques présentent les dernières nouveautés en matière de mode et de design, contribuant à la réputation de Sicap Liberté en tant que quartier branché et élégant de Dakar.

Les parcs et les zones de loisirs des deux sections de Sicap constituent des éléments essentiels de l'attrait du quartier, offrant aux résidents des espaces de détente et d'activités communes. Les oasis vertes au sein du paysage urbain offrent un répit dans le quotidien et favorisent un sentiment de bien-être parmi les résidents. Les parcs deviennent des lieux de rassemblement pour les familles, les individus en quête de réconfort et des événements communautaires qui donnent vie à Sicap avec des rires et des activités.

L'engagement à préserver le patrimoine résidentiel tout en adoptant la vie contemporaine est évident dans la planification et le développement minutieux de Sicap. Les efforts de conservation architecturale garantissent que les structures historiques de Sicap

Amitié sont entretenues et protégées, permettant aux résidents de vivre dans le charme du passé. Simultanément, à Sicap Liberté, des techniques de construction modernes et des principes de conception durable sont appliqués pour créer un quartier qui correspond aux préférences et aux besoins des résidents d'aujourd'hui.

L'attrait de Sicap s'étend au-delà de son charme résidentiel, car le quartier est stratégiquement situé à proximité des institutions culturelles et des centres éducatifs. La proximité de ces commodités ajoute un attrait supplémentaire pour les familles et les professionnels en quête d'un style de vie équilibré. Les institutions culturelles offrent aux résidents la possibilité de s'impliquer dans les arts et l'histoire, enrichissant ainsi leur vie quotidienne d'activités intellectuelles et créatives. Les centres éducatifs donnent accès à une scolarité de qualité, renforçant la réputation de la Sicap comme une enclave recherchée par les familles.

Alors que Sicap continue d'évoluer, les initiatives communautaires et les collaborations avec les autorités locales jouent un rôle central dans l'élaboration de l'avenir du quartier. Des pratiques de développement durable, y compris des initiatives vertes et des solutions économes en énergie, sont intégrées dans les plans de développement, garantissant que Sicap reste non seulement un trésor résidentiel mais également une communauté responsable et avant-gardiste à Dakar.

CHAPITRE QUATRE

DÉLICES CULINAIRES

Se lancer dans une exploration culinaire à Dakar, c'est comme entrer dans une tapisserie vibrante de saveurs qui va au-delà du simple acte de se nourrir. Le paysage gastronomique de la ville est une fusion complexe de traditions culinaires sénégalaises, d'un monde exaltant d'aventures culinaires de rue, d'expériences gastronomiques élevées qui illustrent l'innovation culinaire et de l'art de siroter le Sénégal, où la culture du café et diverses boissons se déploient en une expérience culturelle qui s'étend bien au-delà. au-delà des boissons elles-mêmes. À Dakar, la nourriture n'est pas seulement un moyen de subsistance ; c'est une célébration de la diversité, un reflet du patrimoine culturel et une affaire communautaire qui engage tous les sens.

La gastronomie sénégalaise est le cœur battant de l'identité culinaire de Dakar. Du plat national, la thieboudienne, qui résume l'essence de la générosité côtière, aux plats comme le Yassa et le Mafé qui mettent en valeur le mélange harmonieux d'épices locales, les saveurs traditionnelles de Dakar racontent une histoire profondément enracinée dans la riche tapisserie culturelle du pays. Les marchés animés, comme le marché Kermel, deviennent des théâtres dynamiques où sont achetés les ingrédients de ces délices culinaires, favorisant une expérience immersive pour les habitants et les visiteurs. Au-delà des plats traditionnels, les rues de Dakar se transforment en un terrain de jeu gastronomique avec des aventures culinaires de rue, où l'accara, la brochette de lotte et l'omniprésent sandwich dakarois deviennent des délices à main qui capturent l'essence des saveurs sénégalaises. Les expériences gastronomiques de la ville, incarnées par des établissements comme le restaurant La Calebasse et Chez Loutcha, élèvent la cuisine sénégalaise vers de nouveaux sommets, mettant en valeur la maîtrise culinaire tout en préservant l'authenticité des ingrédients locaux. De plus, la culture du café de Dakar, ancrée dans la tradition du Café Touba, ajoute une dimension sociale et sensorielle à la vie quotidienne, tandis que l'essor des boissons artisanales et des salons de thé spécialisés reflète l'approche évolutive et innovante de la ville en matière d'art de siroter le Sénégal. Essentiellement, les délices culinaires de Dakar forment un récit aux multiples facettes qui entremêle tradition, innovation et joie commune du partage des repas, invitant tous ceux qui y participent à s'immerger dans le riche patrimoine gastronomique de la ville.

Gastronomie Sénégalaise

La gastronomie sénégalaise constitue un témoignage vibrant de la riche fusion culturelle et des liens historiques qui définissent l'identité culinaire du pays. À la base se trouve la thieboudienne, le plat national qui résume l'essence de la générosité côtière du Sénégal et la fusion des épices locales. Ce chef-d'œuvre savoureux est une harmonie de poisson, de riz et de légumes, préparés avec une attention méticuleuse à l'assaisonnement et à la cuisson lente. La Thieboudienne n'est pas qu'un repas ; c'est un emblème culturel, reflétant le lien du pays avec la mer et ses traditions culinaires transmises de génération en génération. La préparation du plat devient une affaire de famille, une forme d'art où chaque étape du processus contribue à la symphonie finale des saveurs, incarnant l'esprit de la cuisine familiale sénégalaise.

La scène culinaire de Dakar s'étend bien au-delà de la thieboudienne, offrant un kaléidoscope de plats influencés par les ethnies wolof, peulh et sérère. L'utilisation créative d'ingrédients locaux tels que le mil, le sorgho et une gamme de légumes frais confèrent un caractère distinct à la cuisine sénégalaise. Le yassa, un plat de poulet ou de poisson grillé mariné aux oignons et au citron, illustre le délicat équilibre des saveurs qui définit la gastronomie sénégalaise. Le plat met en valeur le savoir-faire de la marinade, où les protéines absorbent une symphonie de saveurs avant de les griller, ce qui donne une expérience succulente et aromatique. Le mafé, un ragoût de cacahuètes riche et copieux, démontre l'utilisation ingénieuse des ingrédients locaux par le Sénégal, créant un chef-d'œuvre culinaire qui reflète l'ingéniosité des cuisiniers sénégalais. Les pastels, chaussons salés fourrés au poisson ou à la viande, ajoutent une autre couche à la palette diversifiée et savoureuse du répertoire culinaire sénégalais. Ces délices artisanaux mettent en valeur l'intersection de la tradition et de l'innovation, chaque bouchée racontant une histoire du riche patrimoine culinaire du Sénégal.

Les marchés animés de Dakar, comme l'emblématique marché Kermel, émergent comme des pôles dynamiques qui donnent vie au paysage gastronomique sénégalais. Ici, la cadence rythmée du marchandage et la mosaïque colorée de produits frais, d'épices aromatiques et de fruits de mer divers créent un spectacle sensoriel. Naviguer sur les marchés est une expérience immersive, où l'énergie vibrante et la passion des vendeurs locaux convergent avec les images et les parfums des trésors culinaires sénégalais. Au Marché Kermel, l'air est imprégné de l'arôme enivrant des épices, des teintes vives des fruits tropicaux et du parfum salé des fruits de mer. Les habitants et les visiteurs sont attirés dans ce théâtre culinaire, dialoguant avec des vendeurs qui partagent non seulement leurs produits, mais aussi des histoires de tradition, des recettes familiales et la signification culturelle de chaque ingrédient.

L'interaction dynamique sur les marchés de Dakar alimente non seulement le dynamisme culinaire de la ville, mais joue également un rôle essentiel dans le maintien des communautés locales. L'acte d'acheter des ingrédients devient un échange culturel, où les habitants partagent leurs connaissances des pratiques culinaires traditionnelles, garantissant ainsi que l'essence de la gastronomie sénégalaise est préservée et transmise aux générations futures. Le marché n'est pas simplement un espace transactionnel ; c'est un témoignage vivant de l'interdépendance du patrimoine culinaire du Sénégal et du dynamisme de sa culture alimentaire diversifiée.

En parcourant les marchés, les visiteurs découvrent un trésor d'ingrédients qui constituent les éléments constitutifs des plats sénégalais. Poisson fraîchement pêché, fruits tropicaux vibrants, herbes aromatiques et fruit du baobab omniprésent – chaque ingrédient contribue à la riche tapisserie de la gastronomie sénégalaise. Le rayon fruits de mer du marché Kermel, avec sa gamme de poissons et crustacés colorés, reflète le lien profond entre le Sénégal et l'océan Atlantique. Les vendeurs exposent fièrement leur prise du jour, mettant en valeur la générosité de la mer qui fait vivre les communautés sénégalaises depuis des siècles. Les marchés deviennent un régal visuel, proposant une exploration sensorielle des divers écosystèmes du pays et de la richesse agricole qui définit l'identité culinaire du Sénégal.

Aventures culinaires de rue

Les rues animées de Dakar se transforment en un terrain de jeu culinaire, où des arômes alléchants et des sons grésillants émanent des vendeurs de nourriture de rue, créant une aventure exaltante pour les amateurs de gastronomie. La cuisine de rue à Dakar n'est pas simplement une bouchée rapide sur le pouce ; il fait partie intégrante de la culture de la ville, offrant une gamme variée d'options abordables et délicieuses qui reflètent la richesse de la cuisine sénégalaise. Parmi la myriade de délices qui ornent la scène culinaire de rue de Dakar, l'accara s'impose comme un plat sénégalais par excellence. Ces beignets de pois noirs frits, souvent servis avec une sauce épicée au poivre, sont devenus une collation populaire appréciée par les habitants qui parcourent les rues animées de la ville.

Alors que l'on plonge dans les aventures culinaires de rue de Dakar, un voyage sensoriel se déroule, introduisant des délices culinaires qui résument l'esprit de la ville. Les « brochettes de lotte », de succulentes brochettes de lotte marinées et grillées à la perfection, témoignent de la richesse côtière de la ville. L'arôme alléchant du poisson fraîchement grillé imprègne l'air, créant un attrait irrésistible pour les passants. Les vendeurs de rue de Dakar infusent magistralement des saveurs dans leurs offres, créant une expérience immersive où les images, les sons et les odeurs se fondent dans une célébration de la gastronomie sénégalaise.

Une expédition de cuisine de rue à Dakar serait incomplète sans savourer le « thiakry », un pudding de mil sucré et crémeux qui constitue une délicieuse conclusion à l'aventure culinaire. Aromatisé à la vanille et souvent garni de noix de coco, le thiakry met en valeur la diversité des desserts sénégalais. C'est un témoignage de l'utilisation ingénieuse des ingrédients locaux, le mil occupant le devant de la scène, offrant une douceur unique et réconfortante qui résonne aussi bien auprès des habitants que des visiteurs de la ville.

L'une des expériences culinaires de rue les plus appréciées et emblématiques de Dakar est la version sénégalaise du sandwich – le « dakarois ». Ce délice portable résume la créativité et l'ingéniosité des vendeurs de rue de Dakar, offrant une forme pratique et accessible pour découvrir l'essence des saveurs sénégalaises. Rempli d'un mélange d'ingrédients, notamment du poulet grillé mariné, des légumes frais et des sauces piquantes, le dakarois n'est pas qu'un simple repas ; c'est un amalgame culturel servi entre des tranches de pain. Cette création portable reflète le paysage culinaire dynamique et diversifié de Dakar, où l'innovation prospère dans les limites d'un sandwich, devenant une icône culinaire qui reflète l'esprit de la ville.

La culture de la cuisine de rue de Dakar est profondément ancrée dans le tissu de la vie quotidienne, offrant subsistance et joie aux résidents et aux visiteurs. Les rues animées deviennent une scène pour les artisans culinaires qui transforment des ingrédients simples en chefs-d'œuvre délicieux. L'atmosphère animée autour des stands de nourriture de rue favorise un sentiment de communauté, alors que des personnes de tous horizons se réunissent pour partager le plaisir collectif des saveurs sénégalaises. Cet aspect communautaire de la culture de l'alimentation de rue souligne son importance au-delà de la simple satisfaction de la faim ; c'est un ciment social qui lie la mosaïque diversifiée de la population de Dakar.

Accara, avec son allure frite, représente plus qu'un snack ; il symbolise l'ingéniosité de la street food sénégalaise. Fabriqués à partir de pois aux yeux noirs, ces beignets sont un délice savoureux, souvent accompagnés d'une sauce au poivre épicé qui ajoute une touche supplémentaire. Le processus de fabrication de l'accara consiste à tremper et à broyer les pois aux yeux noirs, à les infuser de diverses épices et à les faire frire jusqu'à ce qu'ils soient dorés à la perfection. Le résultat est un extérieur croustillant qui cède la place à un centre savoureux et tendre, créant une expérience sensorielle qui résonne à la fois auprès des locaux et des nouveaux venus sur la scène de la cuisine de rue de Dakar.

L'arôme de la « brochette de lotte » témoigne du charme côtier de Dakar. Tandis que les brochettes de lotte marinées grésillent sur le grill, l'air s'imprègne de l'incontournable parfum de la mer. Ce délice de la cuisine de rue reflète non seulement la proximité du Sénégal avec l'océan Atlantique, mais met également en valeur la maîtrise culinaire des vendeurs ambulants de Dakar. Le mariage de fruits de mer frais et de marinades soigneusement sélectionnées crée un plat qui incarne la générosité côtière de la ville, offrant un avant-goût de l'océan dans les limites d'une brochette.

Le « Thiakry », un pudding sucré au mil, ajoute une note délicieuse à la symphonie de la street food à Dakar. L'utilisation du mil, une céréale abondante localement, souligne l'ingéniosité de la cuisine sénégalaise. Associé à la vanille et garni de noix de coco, le thiakry devient un dessert réconfortant et satisfaisant qui met en valeur la polyvalence des ingrédients traditionnels. C'est une douce conclusion à une expédition street food, mettant en valeur la diversité des saveurs sénégalaises et l'innovation culinaire qui prospère dans les rues de Dakar.

Cependant, l'expérience culinaire de rue la plus emblématique de Dakar est peut-être le sandwich « dakarois ». Ce délice portatif résume la créativité culinaire de la ville, réunissant un mélange harmonieux de saveurs dans les limites de deux tranches de pain. Poulet grillé mariné, légumes frais et sauces piquantes s'entremêlent pour créer une symphonie de saveurs qui reflètent le dynamisme multiculturel de Dakar. Le dakarois est plus qu'un sandwich ; il s'agit d'une représentation portable du patrimoine culinaire diversifié de la ville, offrant un moyen pratique et accessible de savourer l'essence des saveurs sénégalaises.

Expériences gourmandes

Le paysage culinaire de Dakar transcende le domaine de la cuisine de rue, invitant les passionnés à se livrer à des expériences gastronomiques destinées aux palais les plus raffinés. Les restaurants et établissements de restauration haut de gamme de la ville, tels que le restaurant La Calebasse, sont des joyaux culinaires qui mélangent harmonieusement les ingrédients traditionnels sénégalais aux techniques culinaires contemporaines, créant une expérience culinaire à la fois sophistiquée et enracinée dans la riche tapisserie de la gastronomie sénégalaise.

Niché parmi les trésors culinaires de Dakar, le restaurant La Calebasse est un phare d'excellence gastronomique, connu pour son engagement à mettre en valeur les diverses saveurs du Sénégal. La carte se déroule comme une symphonie de goûts, mettant en vedette des chefs-d'œuvre culinaires comme la "cuisse de pintade aux épices douces" (pintade aux épices douces) et la "bouillabaisse sénégalaise" (ragoût de poisson à la sénégalaise). Chaque plat de La Calebasse est une fusion soigneusement élaborée d'ingrédients traditionnels sénégalais et de techniques culinaires modernes, présentant un voyage culinaire qui captive les sens.

Ce qui distingue La Calebasse, c'est son engagement à utiliser des ingrédients frais et d'origine locale, ajoutant une couche supplémentaire d'authenticité à l'expérience gastronomique. L'engagement du restaurant à soutenir les producteurs locaux améliore non seulement la qualité de ses plats mais contribue également à la durabilité des écosystèmes agricoles et culinaires du Sénégal. Dîner à La Calebasse devient plus qu'un simple repas ; cela devient une célébration de la sophistication et de la diversité de la gastronomie sénégalaise.

Les expériences gastronomiques à Dakar s'étendent au-delà de La Calebasse, offrant un paradis pour les amateurs de fruits de mer. Chez Loutcha, un autre paradis culinaire de la ville, est réputé pour son extravagance de fruits de mer. La prise du jour, astucieusement exposée sur la glace, devient un régal visuel pour les clients qui peuvent choisir leur poisson ou leurs fruits de mer préférés. Qu'ils soient grillés à la perfection, frits jusqu'à ce qu'ils soient dorés ou immergés dans des sauces savoureuses, les fruits de mer de Chez Loutcha illustrent la maîtrise culinaire que les chefs de Dakar apportent à la table. L'accent mis sur la fraîcheur et la variété permet aux clients de se lancer dans un voyage culinaire à travers les richesses de l'océan Atlantique, renforçant ainsi l'identité de Dakar en tant que pôle culinaire côtier.

La scène gastronomique de Dakar ne prospère pas seulement dans les murs de ses restaurants, mais se déploie également dans la tapisserie vibrante de festivals et d'événements culinaires. Le Dakar Food Festival, une célébration annuelle, est devenu un événement phare qui rassemble des chefs locaux et internationaux, des passionnés de gastronomie et des experts culinaires. Ces festivals servent de plates-formes pour présenter la riche diversité de la cuisine sénégalaise, créant une expérience immersive pour les participants désireux d'explorer la profondeur et l'étendue de l'offre gastronomique de Dakar.

Participer au Dakar Food Festival, c'est se lancer dans une odyssée culinaire, où les rues de la ville se transforment en un marché animé de saveurs. Le festival rassemble un kaléidoscope de traditions culinaires, des plats traditionnels sénégalais aux fusions innovantes qui reflètent la nature cosmopolite de la ville. Les chefs locaux, réputés pour leurs prouesses culinaires, occupent le devant de la scène en organisant des démonstrations culinaires, des masterclasses et des dégustations qui engagent et sensibilisent les participants aux subtilités de la gastronomie sénégalaise. Des chefs internationaux se joignent souvent aux festivités, contribuant à un échange interculturel qui enrichit le paysage culinaire de Dakar.

Ces événements culinaires mettent non seulement en valeur la créativité et l'innovation de la scène gastronomique de Dakar, mais contribuent également à la réputation croissante de la ville en tant que destination gastronomique. Le Dakar Food Festival, en particulier, sert de célébration culturelle qui met en évidence l'interdépendance de la nourriture, de la communauté et de l'identité. Il devient une plateforme permettant aux chefs d'expérimenter de nouvelles saveurs, aux passionnés de gastronomie de découvrir des joyaux cachés et à la ville de s'affirmer comme une plaque tournante culinaire sur la scène mondiale.

Siroter le Sénégal : le café et au-delà

La culture du café au Sénégal est une tapisserie tissée dans le tissu même de la vie quotidienne de Dakar. Au-delà d'un simple rituel matinal, le fait de siroter un café dans cette ville dynamique est une pratique sociale, un moment de connexion et une expérience partagée. Les cafés de la ville, avec leurs bières aromatiques et leur ambiance détendue, servent de points de rencontre incontournables pour les amis, les collègues et les familles, incarnant la chaleur et la convivialité qui caractérisent la culture sénégalaise. Au cœur de la culture du café de Dakar se trouve une spécialité locale connue sous le nom de Café Touba, une infusion qui infuse les riches saveurs du café épicé avec une touche de tradition sénégalaise, créant une boisson unique et captivante.

Le Café Touba, c'est bien plus qu'un simple café ; c'est un emblème culturel qui reflète la fusion des traditions culinaires sénégalaises avec l'appréciation mondiale de cette boisson bien-aimée. Originaire de la région de Touba au Sénégal, ce café épicé est réputé pour son profil de saveur distinct, incorporant des ingrédients tels que le clou de girofle et le poivre de Guinée. L'infusion épicée ajoute une couche de complexité au café, créant une expérience sensorielle qui résonne aussi bien auprès des habitants que des visiteurs. Le Café Touba se déguste souvent en compagnie des autres, transformant une simple pause café en un moment de connexion communautaire et de plaisir partagé.

Au-delà du café, la culture des boissons de Dakar s'étend aux boissons traditionnelles qui offrent un répit rafraîchissant loin de la chaleur de la ville. L'une de ces boissons est le « bissap », un thé d'hibiscus connu pour sa teinte pourpre vibrante et sa saveur piquante. Souvent servi froid, le « bissap » devient un choix populaire pour étancher la soif et offrir une bouffée de rafraîchissement. Une autre boisson traditionnelle est le « gingembre », une boisson infusée au gingembre qui apporte une touche piquante, offrant une expérience à la fois savoureuse et revigorante. Ces boissons, avec leurs ingrédients naturels et leur signification culturelle, contribuent à la palette diversifiée des boissons sénégalaises.

Ces dernières années, Dakar a connu une montée en popularité des boissons artisanales, marquant une évolution contemporaine de la scène des boissons de la ville. Des brasseries artisanales et des bars à cocktails branchés ont vu le jour, ajoutant une touche moderne à la culture des boissons de Dakar. Ces établissements mettent non seulement en valeur le caractère cosmopolite de la ville, mais reflètent également une tendance mondiale consistant à apprécier des boissons uniques et d'inspiration locale. La montée en puissance des mixologues qui élaborent des cocktails innovants à partir d'ingrédients inspirés du riche patrimoine culinaire du Sénégal est devenue une caractéristique déterminante du paysage en évolution des boissons de Dakar.

L'appréciation des boissons d'origine locale et produites de manière éthique est évidente dans la montée en puissance des salons de thé spécialisés et des bars à jus à Dakar. Ces établissements proposent non seulement une gamme diversifiée de boissons, mais s'inscrivent également dans l'engagement de Dakar en faveur de la durabilité et du soutien aux producteurs locaux. L'accent mis sur la qualité, la fraîcheur et l'approvisionnement éthique résonne avec une prise de conscience croissante des consommateurs quant à l'impact de leurs choix sur l'environnement et les communautés locales. Les salons de thé spécialisés de Dakar, en particulier, sont devenus des refuges pour ceux qui recherchent un moment de tranquillité au milieu du dynamisme de la ville, offrant une oasis où les clients peuvent savourer des thés et des infusions soigneusement sélectionnés.

La culture des boissons de Dakar est le reflet de l'identité dynamique et évolutive de la ville. Il associe harmonieusement les pratiques traditionnelles, telles que le fait de siroter un café avec des amis, et les tendances contemporaines qui façonnent les préférences mondiales en matière de boissons. Le local et le mondial se fondent dans une symphonie de saveurs, d'arômes et d'expériences, créant une tapisserie aux multiples facettes qui définit la scène des boissons de Dakar. Cette fusion ne se limite pas seulement au café et aux boissons traditionnelles, mais s'étend au domaine des cocktails, des boissons artisanales et des thés de spécialité, offrant un large éventail de choix aux résidents et aux visiteurs de Dakar.

L'importance culturelle des boissons à Dakar va au-delà de leur goût ; il s'agit de moments partagés, de conversations suscitées autour d'une tasse de café, d'échanges culturels facilités par des boissons traditionnelles et d'exploration de saveurs nouvelles et innovantes. Qu'il s'agisse de déguster une tasse de Café Touba dans un marché animé, de siroter un « bissap » dans un café local ou de découvrir la créativité d'un cocktail artisanal dans un bar branché, la culture des boissons de Dakar est une célébration de la diversité, de l'unité et du toujours-nature évolutive du paysage culinaire et social de la ville.

CHAPITRE CINQ

ART ET CULTURE

Dakar, le cœur vibrant du Sénégal, révèle une tapisserie culturelle complexe et dynamique qui reflète le lien profond de la ville avec son patrimoine artistique. Les musées et les galeries sont les gardiens de l'héritage historique et artistique du Sénégal, le Musée des arts africains de l'IFAN de Dakar servant de trésor culturel qui résume la diversité du patrimoine national. Créée en 1936, cette institution plonge les visiteurs dans un voyage à travers l'art africain traditionnel et contemporain, présentant des masques, des sculptures et des textiles qui racontent des histoires de spiritualité, de tradition et d'éclat artistique. La Galerie Nationale d'Art dans le quartier du Plateau ajoute au récit culturel de Dakar, offrant une plate-forme permettant aux artistes sénégalais contemporains d'exprimer leurs talents et de s'engager dans un dialogue dynamique entre tradition et modernité. Cette galerie devient un centre dynamique où convergent artistes établis et émergents, créant un témoignage vivant du paysage artistique en constante évolution de la ville.

La musique et la danse traditionnelles imprègnent l'air de Dakar, résonnant avec les rythmes du djembé, du sabar et de la kora. Ces instruments traditionnels ne sont pas de simples sources de musique ; ils sont des vecteurs d'histoires culturelles, véhiculant l'histoire, la spiritualité et la vie quotidienne du Sénégal. La Grande Mosquée de Dakar, symbole de l'harmonie religieuse, transforme sa cour en une scène de spectacles de danse traditionnelle, où couleurs vives, mouvements rythmés et musique entraînante convergent dans une célébration de la diversité culturelle du pays. Cette intersection du traditionnel et du contemporain est également évidente dans les scènes d'art contemporain de Dakar, où des lieux comme le Village des Arts et l'émergence du street art contribuent à un esprit d'avenir. La scène artistique et culturelle de Dakar culmine avec des festivals qui magnifient le patrimoine sénégalais, avec des événements comme le Festival international du film de Dakar et Dak'Art présentant respectivement la diversité du cinéma africain et de l'art contemporain africain. Ces festivals, enracinés dans les traditions culturelles et religieuses, rassemblent des millions de personnes lors de célébrations comme le Grand Magal de Touba, soulignant le rôle de Dakar en tant que pôle culturel qui embrasse son passé tout en embrassant l'innovation et la diversité.

Musées et galeries

Les musées et galeries de Dakar sont les gardiens du riche héritage historique et artistique du Sénégal, invitant les visiteurs à un voyage captivant à travers le temps et l'expression créative. Le Musée des arts africains IFAN de Dakar, créé en 1936, constitue un trésor culturel abritant une vaste collection couvrant l'art africain traditionnel et contemporain. Cette institution témoigne de l'engagement inébranlable du Sénégal à préserver et à célébrer son patrimoine culturel diversifié. Lorsque les visiteurs entrent dans le musée, ils sont plongés dans un monde d'éclat artistique, où les galeries ornées de masques, de sculptures et de textiles deviennent des portails vers des histoires de tradition, de spiritualité et d'ingéniosité.

Le Musée IFAN de Dakar se présente comme un phare de préservation culturelle, offrant une exploration nuancée du passé et du présent du Sénégal. Des objets traditionnels, des masques finement sculptés et des textiles vibrants racontent des histoires d'anciens rituels, pratiques culturelles et expressions artistiques qui ont défini l'identité de la nation. L'engagement du musée à mettre en valeur l'art contemporain africain assure un dialogue dynamique entre tradition et modernité, illustrant l'évolution de l'expression artistique sénégalaise au fil des années. Les visiteurs parcourent les expositions soigneusement organisées, où chaque pièce devient un témoignage vivant de la diversité artistique qui prospère à l'intérieur des frontières du Sénégal.

La Galerie Nationale d'Art, nichée dans le quartier du Plateau de Dakar, apparaît comme un centre dynamique de l'art contemporain sénégalais, offrant une plate-forme aux artistes établis et émergents pour présenter leurs talents. Cette galerie devient une toile vivante où tradition et modernité engagent un dialogue dynamique. Les expositions organisées à la Galerie Nationale d'Art sont un kaléidoscope de styles, de thèmes et de médiums artistiques, reflétant le paysage artistique en constante évolution de Dakar. Ici, les visiteurs découvrent une fusion d'expressions artistiques, depuis les peintures traditionnelles qui rendent hommage au patrimoine culturel du Sénégal jusqu'aux installations d'avant-garde repoussant les limites de l'art contemporain.

La Galerie Nationale d'Art n'est pas seulement un espace physique ; il sert de creuset où convergent les artistes, favorisant une communauté dynamique de créativité et de discours culturel. La galerie devient un lien où des artistes confirmés partagent leurs idées avec des talents émergents, créant ainsi un écosystème qui nourrit l'expression artistique. À mesure que de nouvelles voix émergent, le paysage artistique de Dakar s'étend, capturant l'air du temps d'une ville qui prospère à l'intersection de la tradition et de l'innovation.

Ces institutions culturelles jouent un rôle crucial dans la formation de l'identité de Dakar en tant que pôle culturel, non seulement pour le Sénégal mais pour l'ensemble du continent africain. La préservation des objets historiques et la promotion de l'art contemporain contribuent à un récit riche et diversifié qui transcende les frontières. Dakar, à travers ses musées et galeries, ouvre une fenêtre sur l'âme du Sénégal, invitant le monde à explorer et apprécier la profondeur de son patrimoine artistique.

L'importance culturelle de ces institutions s'étend au-delà de leur rôle de dépositaires d'art ; ils deviennent des espaces éducatifs qui favorisent la compréhension de l'histoire, des traditions et de l'évolution culturelle du Sénégal. Les écoles, les touristes et les habitants se retrouvent enrichis par les récits tissés dans les expositions, acquérant un aperçu de la tapisserie vibrante de la culture sénégalaise. Le Musée IFAN de Dakar et la Galerie Nationale d'Art, en tant que gardiens culturels, contribuent activement au dynamisme culturel de la ville en veillant à ce que le passé, le présent et l'avenir de l'art sénégalais soient célébrés et préservés.

Musique et danse traditionnelles

Dakar, le cœur dynamique et culturel du Sénégal, résonne avec les rythmes captivants de la musique et de la danse traditionnelles sénégalaises, créant une tapisserie sensorielle qui se tisse à travers le tissu de l'identité de la ville. Les sons vibrants du djembé, du sabar et de la kora se répercutent dans les rues, les marchés et les cérémonies de Dakar, résumant l'essence d'une nation profondément enracinée dans son riche héritage culturel.

Au cœur de l'expression culturelle de Dakar se trouve la Grande Mosquée de Dakar, une merveille architecturale qui sert non seulement de centre religieux mais aussi de phare culturel pour la communauté. La cour de la mosquée se transforme en une scène animée pour des spectacles de danse traditionnelle, où la convergence de couleurs vibrantes, de mouvements rythmés et de musique entraînante se déploie dans une célébration de la diversité culturelle du Sénégal. Cette intersection unique de religion et de culture témoigne de la coexistence harmonieuse de diverses traditions à Dakar.

La danse et la musique traditionnelles sénégalaises ne sont pas de simples performances artistiques ; ce sont de puissants vecteurs d'histoires culturelles, transmettant l'essence de l'histoire, de la spiritualité et de la vie quotidienne du Sénégal. Le Djembe, un tambour d'origine ouest-africaine, produit des rythmes qui résonnent avec les battements de cœur de la communauté. Ses motifs rythmiques communiquent des émotions, racontent des histoires et offrent une expérience commune qui transcende les expressions individuelles. De même, le Sabar, un tambour traditionnellement joué par le peuple wolof, ajoute des couches dynamiques au paysage sonore avec ses battements vifs et ses rythmes complexes. La Kora, un instrument à cordes semblable à une harpe, crée des mélodies qui transportent l'auditeur à travers des histoires d'amour, de nature et d'événements historiques.

Les rues et les marchés de Dakar deviennent des scènes vibrantes où ces expressions musicales traditionnelles prennent vie. Des musiciens et des danseurs, souvent vêtus de costumes traditionnels colorés, se produisent dans les espaces publics, insufflant à la ville une énergie qui reflète le pouls du Sénégal lui-même. Les spectacles deviennent des célébrations spontanées, attirant les habitants et les visiteurs dans l'étreinte rythmée du battement du cœur culturel du Sénégal.

Le rôle de la Grande Mosquée de Dakar en tant que centre culturel s'étend au-delà des spectacles dans sa cour. Il devient un lieu de rassemblement où des personnes d'horizons divers se réunissent pour découvrir la richesse des traditions culturelles sénégalaises. Les performances, souvent accompagnées de récits et de gestes symboliques, servent de pont entre les générations, reliant le passé au présent. Grâce à la danse et à la musique, l'histoire culturelle du Sénégal est non seulement préservée mais activement transmise aux nouvelles générations, assurant ainsi la continuité des traditions dans un monde en constante évolution.

L'une des particularités de la danse traditionnelle à Dakar est son aspect narratif. Les danseurs utilisent des mouvements, des gestes et des expressions pour transmettre des récits allant des événements historiques aux leçons de morale. Les performances deviennent une toile vivante où les histoires culturelles sont peintes dans des teintes vibrantes, permettant au public de s'immerger dans les contes racontés. Ce mélange de danse, de musique et de conte crée une expérience holistique qui va au-delà du divertissement, offrant un aperçu profond de l'identité culturelle de Dakar et du Sénégal.

Alors que Dakar continue d'évoluer, la musique et la danse traditionnelles jouent un rôle crucial dans le façonnement du paysage culturel de la ville. La préservation de ces traditions artistiques n'est pas seulement un hommage au passé mais aussi une célébration de l'esprit durable du Sénégal. La fusion d'éléments traditionnels et contemporains au sein de ces expressions reflète la capacité de Dakar à embrasser son patrimoine culturel tout en restant ouverte à l'innovation et au changement.

Scènes d'art contemporain

Les scènes d'art contemporain de Dakar servent de toiles vibrantes qui capturent l'esprit dynamique et tourné vers l'avenir de la ville, mêlant harmonieusement innovation et profond respect de la tradition. Au cœur de cette énergie créatrice se trouve le Village des Arts, un havre d'artistes situé dans le quartier de Ouakam. Cet espace unique fonctionne à la fois comme un collectif d'artistes et une résidence, offrant des studios aux peintres, sculpteurs, photographes et divers autres créatifs. Au sein de ce complexe, un environnement dynamique émerge, favorisant la libre circulation des idées et repoussant les limites artistiques.

Le Village des Arts témoigne de l'engagement de Dakar à nourrir la créativité et la collaboration au sein de sa communauté artistique. Les studios du complexe deviennent des incubateurs d'innovation, où les artistes explorent leur métier, expérimentent divers médiums et s'engagent dans des collaborations interdisciplinaires. La nature collective du Village des Arts crée un sentiment de camaraderie entre les artistes, favorisant un environnement où les expressions artistiques évoluent grâce à l'inspiration mutuelle et aux expériences partagées.

Le quartier Ouakam, où se situe le Village des Arts, devient un pôle culturel où l'art contemporain se croise avec la vie quotidienne. Les visiteurs du village peuvent être témoins du processus artistique, en observant les peintres appliquer méticuleusement des traits sur les toiles, les sculpteurs façonner les matières premières en formes complexes et les photographes capturer des moments d'inspiration. Cette expérience immersive démystifie non seulement le processus créatif, mais connecte également la communauté au cœur palpitant de la scène artistique contemporaine de Dakar.

Au-delà des limites des espaces artistiques désignés, les rues de Dakar sont devenues des galeries dynamiques d'expression contemporaine, notamment grâce à l'essor du street art. Des peintures murales, des graffitis et des récits visuels vibrants ornent les façades des bâtiments et les espaces publics, transformant la ville en un musée à ciel ouvert. Ce mouvement va au-delà de la simple esthétique ; cela devient une forme dynamique d'expression culturelle, offrant une plate-forme aux artistes de rue locaux et internationaux pour communiquer des messages puissants, remettre en question les normes sociétales et contribuer à l'identité urbaine en évolution de la ville.

Le mouvement du street art à Dakar se caractérise par sa diversité, avec des artistes s'inspirant d'une myriade de sources, notamment les traditions sénégalaises, les déclarations politiques et les influences mondiales. Des peintures murales représentant des scènes de la vie quotidienne, célébrant le patrimoine culturel ou transmettant des commentaires sociaux sont tissées dans le tissu urbain, transformant les rues ordinaires en récits captivants. Cette démocratisation de l'art apporte la créativité directement aux gens, favorisant un sentiment de propriété partagée et de fierté culturelle.

Le quartier de Ouakam, avec sa fusion d'éléments traditionnels et contemporains, devient un témoignage vivant de la capacité de Dakar à embrasser le passé tout en allant de l'avant. Le Village des Arts, symbole de l'innovation artistique, et le street art vibrant ornant les murs de la ville contribuent au récit évolutif de Dakar, où l'ancien et le nouveau se fondent dans une danse harmonieuse de créativité.

Alors que Dakar continue de se positionner comme une plaque tournante de l'art contemporain africain, des initiatives comme Dak'Art, la Biennale de Dakar, jouent un rôle central dans l'amplification du dynamisme artistique de la ville. Cette exposition d'art internationale, organisée tous les deux ans, rassemble des artistes, des conservateurs et des passionnés d'art du monde entier. Dak'Art sert de plateforme de présentation de l'art contemporain de pointe tout en offrant un espace de dialogue critique à l'intersection de l'art, de la culture et des enjeux sociétaux.

La biennale élève non seulement le statut de Dakar sur la scène artistique mondiale, mais crée également un espace dynamique permettant aux artistes locaux de s'engager dans des perspectives internationales et de présenter leurs talents sur une scène plus large. Dak'Art devient un creuset où convergent diverses expressions artistiques, favorisant la compréhension interculturelle et repoussant les limites de l'art contemporain au Sénégal..

Festivals célébrant le patrimoine sénégalais

Dakar, une ville pleine de vie et de dynamisme culturel, devient un point focal pour célébrer le patrimoine sénégalais à travers une gamme diversifiée de festivals qui mettent en valeur les riches traditions et expressions artistiques de la nation. L'une de ces extravagances cinématographiques annuelles est le Festival International du Film de Dakar, communément appelé Festival international du film de Dakar. Cet événement, qui attire des cinéastes, des acteurs et des passionnés du monde entier, constitue une vitrine captivante de la diversité du cinéma africain et un terreau fertile pour les talents émergents.

Le Festival international du film de Dakar se déroule comme une célébration cinématographique, offrant une plateforme permettant aux cinéastes africains de partager leurs récits, d'explorer diverses perspectives et de s'engager dans des conversations critiques sur le pouvoir de la narration à travers le cinéma. L'importance du festival réside non seulement dans son rôle d'échange culturel mais aussi dans sa capacité à amplifier les voix africaines dans le paysage cinématographique mondial. Alors que les cinéastes convergent à Dakar, la ville se transforme en un creuset de créativité, favorisant la collaboration et le dialogue qui transcendent les frontières.

Au milieu du spectacle cinématographique, l'esprit artistique de Dakar est à l'honneur avec la Biennale de Dakar, connue sous le nom de Dak'Art. Créé en 1989, Dak'Art est devenu une pierre angulaire de la scène artistique sénégalaise, attirant des artistes et des amateurs d'art du monde entier. Organisée tous les deux ans, cette exposition transcende les frontières conventionnelles, présentant l'art africain contemporain sous diverses formes, des arts visuels et installations à l'art de la performance. Dak'Art transforme Dakar en un épicentre culturel, où les rues, les galeries et les espaces publics deviennent des toiles vibrantes d'expression artistique.

Dak'Art élève non seulement le statut de Dakar sur la scène artistique mondiale, mais sert également de catalyseur pour nourrir les talents locaux. L'exposition offre une plate-forme permettant aux artistes émergents de présenter leur travail aux côtés de noms établis, favorisant un échange dynamique d'idées et repoussant les limites de l'innovation artistique. Cette convergence culturelle crée un récit puissant qui reflète l'engagement de Dakar à adopter l'art contemporain tout en honorant son riche patrimoine culturel.

Ancré dans les traditions religieuses et culturelles, le Grand Magal de Touba constitue l'une des fêtes les plus importantes du Sénégal. Célébré par la Confrérie Mouride, ce pèlerinage annuel dans la ville sainte de Touba devient une manifestation fascinante de dévotion spirituelle, d'héritage culturel et de solidarité communautaire. Le festival attire des millions de fidèles qui convergent à Touba pour rendre hommage à leur chef spirituel, Cheikh Amadou Bamba, et participer à des rituels qui reflètent la fusion unique de la religion et de la culture au Sénégal.

Le Grand Magal de Touba témoigne de l'esprit durable de la Confrérie Mouride et de son impact sur la société sénégalaise. Les rituels, processions et prières communautaires du festival créent une atmosphère de révérence et de célébration, soulignant l'importance de la dévotion religieuse dans le tissu culturel du Sénégal. L'importance du festival s'étend au-delà de son contexte religieux, incarnant les principes d'unité, de fraternité et de tolérance qui sont fondamentaux pour la société sénégalaise.

Le Jazz à Gorée, un festival de jazz annuel organisé sur l'île de Gorée, ajoute une note mélodique à la tapisserie culturelle de Dakar. Sur fond de sites historiques, des musiciens de jazz du Sénégal et du monde entier se réunissent pour créer un mélange harmonieux de mélodies en résonance avec la riche histoire de l'île. Le Jazz à Gorée honore non seulement l'héritage du jazz mais favorise également les échanges interculturels, ce qui en fait un événement incontournable pour les amateurs de musique.

L'île de Gorée, avec son importance historique en tant que plaque tournante de la traite transatlantique des esclaves, devient un décor poignant pour le festival de jazz. La musique résonne dans les rues étroites et les bâtiments historiques, créant un pont culturel qui relie le passé et le présent. Le Jazz à Gorée célèbre non seulement le talent artistique du jazz mais rend également hommage à la résilience de l'esprit humain face à l'adversité historique.

CHAPITRE SIX

Dakar, positionné comme le cœur animé du Sénégal, déploie une tapisserie d'évasions en plein air qui invite à la fois à l'exploration et à la détente. Les plages immaculées de la ville, comme celles de Yoff et de N'Gor, offrent un répit loin de l'agitation urbaine, où le sable doré rencontre le rythme des vagues de l'Atlantique. La plage de Yoff, avec son ambiance sereine, devient un refuge pour ceux qui recherchent une retraite tranquille et ensoleillée, tandis que la plage de N'Gor vibre d'énergie, accueillant les surfeurs et les amateurs de plage qui se délectent de l'atmosphère animée et des offres délicieuses en bord de mer. Ces joyaux côtiers offrent un mélange harmonieux de détente et de loisirs, offrant aux résidents et aux visiteurs un cadre idyllique pour se détendre avec en toile de fond le vaste océan.

L'île de Gorée, classée au patrimoine mondial de l'UNESCO, constitue un refuge historique poignant au large de Dakar. Cette île, avec ses rues pavées et son architecture charmante, sert de pont symbolique vers le passé, notamment à travers des sites comme la Maison des Esclaves. L'ambiance tranquille de l'île et les vues panoramiques sur l'Atlantique créent une atmosphère contemplative, faisant de l'île de Gorée une escapade captivante qui mêle harmonieusement exploration culturelle et étreinte apaisante de la nature. Au-delà des retraites historiques, les réserves naturelles et les parcs de Dakar, tels que le phare des Mamelles de Dakar et l'arboretum du parc Hann, offrent des havres de verdure au sein du paysage urbain, permettant aux résidents de renouer avec la nature à travers une verdure luxuriante, des sentiers pédestres et des vues panoramiques sur la ville et le Océan Atlantique. En plus de ces cadres sereins, la scène des sports d'aventure de Dakar introduit une dimension dynamique aux escapades en plein air, attirant les amateurs de sensations fortes vers les côtes propices au surf, les terrains hors route pour le quad et les dunes de sable du désert de Lompoul pour ce sport exaltant. du sandboard. Les diverses escapades en plein air de Dakar reflètent l'engagement de la ville à offrir une expérience aux multiples facettes, garantissant que, que l'on recherche la détente ou l'excitation, la vibrante capitale du Sénégal dispose d'un havre de plein air pour répondre à ces désirs.

Le bonheur en bord de mer:
Le littoral de Dakar est orné de plages immaculées qui invitent à la fois à la détente et aux loisirs. L'une de ces destinations populaires est la plage de Yoff, où le sable doré s'étend le long des eaux azurées de l'Atlantique. Les habitants et les visiteurs affluent vers la plage de Yoff pour se prélasser sous le soleil sénégalais, pique-niquer et participer à des jeux de plage. Le bruit rythmé des vagues offre une bande sonore apaisante à ce havre côtier, créant une atmosphère de tranquillité à deux pas de l'agitation de la ville.

Pour ceux qui recherchent une expérience de plage plus animée, N'Gor Beach est un centre dynamique. Avec son atmosphère vibrante, la plage de N'Gor est un lieu de rassemblement pour les surfeurs, les amateurs de beach-volley et ceux désireux de savourer la cuisine locale dans les restaurants de bord de plage. Les vagues déferlantes offrent un terrain de jeu aux surfeurs de tous niveaux, ce qui en fait un spot idéal aussi bien pour les débutants que pour les surfeurs chevronnés. L'ambiance énergique de la plage, combinée à une vue imprenable sur l'océan, en fait une escapade en plein air par excellence à Dakar.

Gorée Island Retreat:
L'attrait côtier de Dakar est incarné par ses plages exquises, créant des havres de détente et de loisirs dynamiques le long de l'étendue azur de l'Atlantique. La plage de Yoff, une destination populaire, incarne l'essence du bonheur en bord de mer. Ici, le sable doré se mélange harmonieusement au rythme des vagues, incitant les habitants et les visiteurs à se livrer à la chaleur du soleil sénégalais. La plage devient une toile de tranquillité, attirant ceux qui recherchent du réconfort loin de l'agitation de la ville. Les pique-niques se déroulent le long du rivage, les rires se mêlent aux sons de l'océan et les jeux de plage offrent un répit ludique. La plage de Yoff constitue un refuge naturel, à quelques pas du rythme urbain, où la douce accalmie des vagues crée une symphonie apaisante, invitant les individus à se détendre et à s'immerger dans la sérénité du littoral.

La plage de N'Gor, en revanche, vibre d'une énergie vibrante, s'établissant comme un centre dynamique pour ceux qui recherchent une expérience de plage plus animée. L'atmosphère de la plage de N'Gor est chargée d'enthousiasme, attirant les surfeurs, les amateurs de beach-volley et ceux qui ont un penchant pour la cuisine locale sur ses rivages animés. Alors que les vagues s'écrasent sur l'étendue sablonneuse, les surfeurs de tous niveaux trouvent un terrain de jeu passionnant. Les débutants attrapent leurs premières vagues et les surfeurs chevronnés démontrent leurs compétences, créant un spectacle dynamique avec en toile de fond l'Atlantique. L'ambiance animée de la plage de N'Gor est complétée par des vues à couper le souffle sur l'océan qui s'étendent à perte de vue, ce qui en fait une escapade en plein air essentielle à Dakar pour ceux qui se délectent de la fusion de l'énergie côtière et de la beauté des paysages.

Ces plages servent non seulement de refuges naturels, mais contribuent également à l'identité de Dakar en tant que ville côtière, mêlant harmonieusement le charme de la vie urbaine à la tranquillité de ses rivages. Le contraste entre la sereine plage de Yoff et la plage animée de N'Gor reflète la diversité des expériences de plein air qu'offre Dakar le long de son littoral, garantissant un havre de paix en bord de mer adapté à toutes les préférences.

L'attrait de la plage de Yoff réside dans sa simplicité et sa tranquillité. Le sable doré, doux sous les pieds, s'étend le long du rivage, offrant une toile de fond parfaite aux amateurs de plage pour se détendre. Les familles étendent leurs couvertures de pique-nique et profitent de la chaleur du soleil tandis que la douce brise marine apporte le parfum apaisant de l'eau salée. Le son des rires et des conversations se mêle à l'accalmie rythmique des vagues, créant une atmosphère de détente insouciante. Les habitants, enveloppés dans des tissus aux couleurs vives, participent à des parties amicales de football de plage ou s'adonnent à l'art de construire des châteaux de sable complexes. La plage de Yoff devient un sanctuaire, un lieu où le temps semble ralentir, permettant aux individus de se déconnecter des exigences du quotidien et de renouer avec la simplicité de la nature.

De l'autre, N'Gor Beach apparaît comme une destination côtière vivante et dynamique. Les vagues déferlantes de la plage de N'Gor ne sont pas seulement une toile de fond mais un élément central, invitant les surfeurs à profiter du frisson de l'océan. Les planches de surf fendent les vagues et les cris des instructeurs de surf se mêlent aux acclamations enthousiastes des débutants conquérant leurs premières sorties. Les terrains de beach-volley s'animent au rythme de matchs animés, tandis que les restaurants en bord de plage proposent un voyage sensoriel à travers les délices culinaires du Sénégal. L'air est rempli d'arômes de poisson grillé et d'épices, créant une toile de fond attrayante pour l'atmosphère énergique de la plage. La plage de N'Gor, avec son activité trépidante et son esprit vif, s'adresse à ceux qui recherchent non seulement le soleil et le sable, mais aussi une expérience côtière dynamique.

Les plages de Yoff et de N'Gor contribuent toutes deux à la réputation de Dakar en tant que paradis côtier, incarnant la capacité de la ville à offrir diverses escapades en plein air le long de son littoral. Que l'on recherche le calme des sables tranquilles de Yoff ou l'énergie vibrante des eaux actives de N'Gor, les plages de Dakar témoignent du charme côtier de la ville et de son engagement à offrir aux résidents et aux visiteurs une gamme d'expériences de plein air qui reflètent l'esprit dynamique. de la capitale du Sénégal.

Réserves naturelles et parcs :

Dakar possède des réserves naturelles et des parcs qui servent d'oasis de verdure dans le paysage urbain. Le phare de Dakar Mamelles, perché au sommet des collines des Mamelles, offre une vue panoramique sur la ville et l'océan Atlantique. Le parc environnant, avec sa verdure luxuriante et ses sentiers pédestres, offre un refuge paisible aux amoureux de la nature et aux randonneurs. La juxtaposition du phare moderne avec le paysage naturel crée un mélange unique de beauté artificielle et naturelle.

Plus à l'intérieur des terres, l'Arboretum de Hann Park constitue un refuge pour la biodiversité. Ce jardin botanique abrite une riche variété d'espèces végétales, créant un environnement serein propice aux promenades tranquilles et à la contemplation tranquille. Les programmes éducatifs et les efforts de conservation de l'arboretum contribuent à l'engagement de Dakar à préserver son patrimoine naturel tout en offrant aux résidents un espace de connexion avec la nature.

Le parc national Léopold Sédar Senghor, du nom du premier président du Sénégal, est une vaste étendue de beauté naturelle qui s'étend au-delà des limites de la ville. Le parc englobe divers écosystèmes, notamment la savane, les zones humides et les forêts. Les visiteurs du parc national Léopold Sédar Senghor peuvent embarquer dans des safaris pour observer la faune, notamment les girafes, les zèbres et diverses espèces d'oiseaux. Les vastes paysages du parc offrent une véritable évasion au cœur de la nature, ce qui en fait une destination privilégiée pour ceux qui recherchent une expérience de safari sans s'aventurer loin de Dakar.

Sports d'aventure à Dakar:
L'étreinte de la nature à Dakar s'étend au-delà de sa beauté côtière pour inclure des réserves naturelles et des parcs luxuriants, créant des oasis verdoyantes au sein du tissu urbain. Le phare de Dakar Mamelles, majestueusement perché au sommet des collines des Mamelles, constitue un symbole emblématique offrant bien plus qu'une simple vue imprenable sur la ville et l'océan Atlantique. Le parc environnant, orné de verdure luxuriante et de sentiers pédestres sinueux, se révèle comme un paradis pour les amoureux de la nature et les randonneurs. Lorsque les visiteurs gravissent les collines, ils sont récompensés non seulement par des vues panoramiques, mais également par la sérénité qui

imprègne le paysage naturel. La juxtaposition du phare moderne sur fond d'environnement naturel intact crée un mélange harmonieux de beauté artificielle et organique, mettant en valeur l'engagement de Dakar à préserver ses paysages tout en offrant aux résidents et aux visiteurs une expérience immersive dans la nature.

S'aventurant plus à l'intérieur des terres, l'Arboretum du Parc Hann apparaît comme un témoignage de l'engagement de Dakar en faveur de la conservation de la biodiversité. Ce paradis botanique invite les individus dans un monde d'espèces végétales diverses, créant un environnement serein propice aux promenades et à la contemplation. Alors que les visiteurs parcourent les sentiers aménagés de l'arboretum, ils rencontrent un éventail d'arbres, de fleurs et d'arbustes, chacun contribuant à la riche tapisserie du patrimoine naturel de Dakar. Au-delà de son attrait esthétique, l'Arboretum de Hann Park sert de centre éducatif, favorisant une compréhension plus approfondie de la flore locale et de l'importance de la conservation. À travers divers programmes et initiatives, Dakar veille à ce que l'arboretum devienne non seulement un refuge paisible au sein de la ville, mais également un espace de sensibilisation à l'environnement et de connexion avec le monde naturel.

Le parc national Léopold Sédar Senghor, du nom du premier président du Sénégal et situé au-delà des limites de la ville, se déploie comme une vaste étendue de beauté naturelle. Ce vaste parc abrite divers écosystèmes, notamment de vastes savanes, des zones humides tranquilles et des forêts denses. Un voyage dans le parc national Léopold Sédar Senghor devient une expérience semblable à un safari à proximité de Dakar, où les visiteurs peuvent s'émerveiller devant la beauté de la nature et rencontrer une faune variée. Les girafes parcourent gracieusement la savane, les zèbres paissent dans les étendues ouvertes et une multitude d'espèces d'oiseaux dansent dans le ciel, créant un tableau vivant de la nature. Le parc offre non seulement une évasion au cœur de la nature, mais sert également de zone de conservation cruciale, préservant la biodiversité unique qui prospère à l'intérieur de ses limites. Dakar, avec son engagement à maintenir de tels espaces protégés, veille à ce que les résidents et les visiteurs puissent savourer la beauté du monde naturel sans avoir à s'éloigner des rues animées de la ville.

CHAPITRE SEPT.

L'extravagance commerciale de Dakar se déroule comme une fusion dynamique de tradition et de modernité, reflet du caractère diversifié de la ville. Au cœur de cette tapisserie de vente au détail se trouvent les marchés et les souks dynamiques, palpitants d'énergie et de couleurs. Le marché Sandaga, avec ses ruelles animées et peuplées de vendeurs, présente un festin sensoriel où le rythme du marchandage se mêle à la symphonie aromatique des épices et aux teintes vibrantes des textiles. Le marché n'est pas simplement un lieu pour faire du shopping ; c'est une immersion culturelle où les habitants et les visiteurs s'engagent dans un échange animé de marchandises, créant une atmosphère animée qui reflète le dynamisme de Dakar lui-même.

Au milieu des marchés animés, Dakar révèle son charme cosmopolite à travers les boutiques chics qui bordent les rues du quartier du Plateau et au-delà. Des rues comme la rue Jules Ferry émergent comme des pôles de la mode, proposant une sélection soignée de vêtements, d'accessoires et de bijoux qui reflètent les tendances mondiales tout en embrassant la créativité locale. L'émergence de concept stores, tels que Les Petits Hauts, illustre encore davantage l'évolution de la scène de la mode de Dakar, offrant un espace où le design contemporain rencontre l'artisanat traditionnel. Chaque boutique devient un fil conducteur dans la tapisserie commerciale de la ville, mêlant les influences du monde entier au riche patrimoine culturel du Sénégal, offrant une expérience de shopping qui transcende les simples transactions pour devenir une célébration de l'identité dynamique de Dakar.

Marchés et Souks :
Les marchés et les souks de Dakar constituent des tapisseries vibrantes tissées avec les fils de la vie quotidienne, là où le battement du cœur de la ville résonne le plus palpablement. Le principal d'entre eux est l'emblématique Marché Sandaga, un kaléidoscope sensoriel qui résume l'essence de l'esprit dynamique de Dakar. En parcourant ses ruelles animées, l'air est imprégné d'un mélange de parfums – des épices aromatiques à la richesse terreuse des textiles. Les stands regorgent de tissus

vibrants, créant une symphonie visuelle qui reflète la vivacité de la ville. Les produits frais, les épices et une pléthore de produits artisanaux contribuent également à l'attrait du marché, le transformant en un forum animé où les vendeurs présentent avec passion leurs produits.

Le Marché Sandaga n'est pas qu'un marché ; c'est une scène animée où le cœur culturel de Dakar bat avec vigueur. Les plaisanteries animées des vendeurs, les marchandages animés entre acheteurs et vendeurs et le mélange éclectique de produits exposés créent une atmosphère qui résume l'énergie vibrante de la ville. Naviguer dans ce marché animé revient à se lancer dans une aventure sensorielle, chaque stand offrant un aperçu de la riche tapisserie de la vie sénégalaise. Le dynamisme du marché constitue un microcosme de la diversité de Dakar, où des personnes de différents horizons convergent à la recherche de biens, de culture et de relations. Dans ce marché animé, l'esprit de Dakar n'est pas seulement échangé mais célébré, faisant du Marché Sandaga un nœud essentiel du tissu social et économique de la ville.

Un autre joyau du marché de Dakar est le marché Kermel, niché au cœur de la ville et orné d'une architecture de l'époque coloniale. Ce marché historique dégage un charme nostalgique qui transporte les visiteurs dans une époque révolue tout en palpitant de l'énergie du Dakar moderne. Les étals couverts du marché Kermel présentent une gamme impressionnante de fruits, légumes et spécialités locales, créant une symphonie de couleurs et de saveurs. Explorer le marché devient une expérience immersive, où les traditions de la vie marchande sénégalaise se dévoilent sur fond de joyaux architecturaux de la période coloniale.

Le Marché Kermel n'est pas qu'un simple lieu de shopping ; c'est un pèlerinage culturel, offrant un aperçu du patrimoine historique et gastronomique de Dakar. La structure du marché couvert, au design intemporel, offre un abri aux vendeurs et aux acheteurs, favorisant une atmosphère intime qui améliore l'expérience globale. Ici, au milieu d'une activité trépidante, les habitants et les visiteurs interagissent à la recherche de produits frais, de découvertes uniques et des saveurs distinctes du Sénégal. Le marché témoigne de la résilience des traditions face à la modernité, offrant un instantané du passé et du présent de Dakar coexistant harmonieusement.

Au Marché Sandaga comme au Marché Kermel, l'acte d'achat transcende les échanges transactionnels ; cela devient un voyage culturel, un témoignage de l'histoire, de la diversité et de la résilience de la ville. Ces marchés sont des entités vivantes qui évoluent au rythme de Dakar, reflétant le passé, le présent et les aspirations de la ville pour l'avenir. L'expérience de naviguer à travers ces marchés animés devient une histoire tissée dans le récit plus large de Dakar, une histoire racontée à travers les fils vibrants de ses marchés et de ses souks.

Boutiques chics à Dakar:
Les boutiques chics de Dakar, florissantes au-delà des marchés traditionnels, illustrent l'évolution du paysage de la mode de la ville. Parmi les pôles de mode notables, la rue Jules Ferry, dans le quartier chic du Plateau, apparaît comme une rue animée ornée de rues bordées de boutiques qui présentent les dernières tendances et styles. Au sein de cette enclave à la mode, des boutiques comme Gas Bijoux et Les Petites Pierre se démarquent, proposant une

sélection soignée de vêtements, d'accessoires et de bijoux qui reflètent le style cosmopolite de Dakar.

Gas Bijoux, joyau de la rue Jules Ferry, séduit les acheteurs par sa fusion unique entre design contemporain et savoir-faire traditionnel. La boutique est spécialisée dans les bijoux artisanaux, chaque pièce étant minutieusement conçue pour mettre en valeur un mélange harmonieux d'influences mondiales et de créativité locale. Des pièces tendance aux vêtements délicats de tous les jours, Gas Bijoux s'adresse à des goûts variés, contribuant au récit dynamique de la mode de la ville. L'engagement de la boutique envers la qualité et le savoir-faire ajoute une touche de luxe à l'expérience shopping de Dakar, faisant de la rue Jules Ferry une destination pour ceux qui recherchent une mode haut de gamme avec une touche sénégalaise distinctive.

Les Petites Pierre, une autre boutique remarquable du même quartier, rehausse l'expérience de shopping en adoptant la philosophie du concept store. Cette boutique allie harmonieusement mode, art et style de vie, en proposant une collection de produits de haute qualité, souvent fabriqués localement. En explorant

Les Petites Pierre, les acheteurs découvrent non seulement des vêtements et des accessoires, mais également une gamme de produits de style de vie soigneusement sélectionnés qui incarnent l'essence de l'esprit créatif de Dakar. Les concept stores comme Les Petites Pierre contribuent à l'évolution de la scène de la mode dakaroise en offrant une plate-forme aux créateurs et artisans locaux pour présenter leur travail, favorisant une synergie dynamique entre le design contemporain et l'artisanat traditionnel.

L'émergence de boutiques chics à Dakar est révélatrice d'un changement culturel plus large, où la mode devient une forme d'expression de soi et une célébration de la créativité. La rue Jules Ferry et d'autres centres de mode similaires de la ville proposent une sélection organisée qui répond à des goûts divers, invitant les résidents et les visiteurs à explorer et à adopter le style évolutif de Dakar.

Au-delà de la rue Jules Ferry, les boutiques chics de Dakar s'étendent dans différents quartiers, contribuant à la réputation de la ville en tant que destination mode en plein essor. L'Atelier, situé dans le quartier chic des Almadies, illustre cette tendance en proposant une sélection soigneusement sélectionnée de vêtements et d'accessoires. L'intérieur élégant et moderne de la boutique offre une toile de fond sophistiquée aux amateurs de mode qui souhaitent explorer une gamme de pièces élégantes et contemporaines.

Au cœur de Sicap Liberté, autre enclave avant-gardiste, des boutiques comme La Maison des Couturiers mettent en valeur la créativité et le savoir-faire des créateurs locaux. Cette boutique offre non seulement une plateforme aux créateurs établis, mais sert également d'incubateur pour les talents émergents, contribuant ainsi au caractère dynamique et inclusif de la scène de la mode de Dakar.

L'essor des boutiques chics à Dakar s'aligne également sur l'engagement de la ville en faveur de pratiques de mode durables et éthiques. Des boutiques comme Diarrablu, situées dans le quartier animé de N'Gor, défendent la mode éthique en privilégiant les matériaux respectueux de l'environnement et en soutenant les artisans locaux. Les créations de Diarrablu, inspirées de la culture et des paysages dynamiques du Sénégal, incarnent une fusion d'esthétique contemporaine et de principes durables, reflétant une évolution mondiale vers un consumérisme conscient.

La présence croissante de boutiques chics à Dakar n'est pas seulement le reflet des tendances de la mode ; il reflète une renaissance culturelle où convergent créativité, diversité et durabilité. Ces boutiques constituent des espaces dynamiques où la mode devient un moyen d'expression personnelle, de célébration culturelle et de fusion harmonieuse des influences mondiales et de l'identité locale. Alors que Dakar continue de se tailler une place dans le paysage mondial de la mode, ces boutiques chics constituent des phares de créativité, contribuant au récit de style dynamique et en constante évolution de la ville.

Artisanat traditionnel et trouvailles artisanales :

L'expérience shopping à Dakar devient un voyage culturel avec l'abondance de l'artisanat traditionnel et des produits artisanaux, faisant écho à la riche tapisserie du patrimoine sénégalais. Parmi les principaux refuges pour les trésors artisanaux se trouve le Village Artisanal de Soumbédioune, situé le long de la pittoresque Corniche Ouest. Ce village d'artisans sert de vitrine aux talents locaux, où les ateliers bourdonnent au son de l'artisanat, produisant une gamme d'objets allant des sculptures sur bois complexes aux textiles et bijoux vibrants. L'expérience immersive permet aux visiteurs non seulement d'assister au processus de création mais également d'acquérir des pièces uniques qui incarnent l'authenticité de l'artisanat sénégalais.

Se promener dans le Village Artisanal de Soumbédioune, c'est comme se promener dans un musée vivant de l'art sénégalais. Des artisans qualifiés, travaillant souvent dans des ateliers ouverts, engagent les visiteurs dans leur métier, partageant leurs connaissances sur les techniques traditionnelles transmises de génération en génération. Les sculptures sur bois complexes, représentant des scènes du folklore et de la vie quotidienne du Sénégal, témoignent de la maîtrise des artisans. Les textiles vibrants, ornés de motifs géométriques et de couleurs vives, mettent en valeur la diversité des traditions de tissage sénégalais. Les bijoux fabriqués à la main, incorporant souvent des matériaux locaux, deviennent non seulement un accessoire mais une œuvre d'art portable avec une histoire à raconter. Le Village Artisanal de Soumbédioune apparaît comme un point focal pour la préservation et la promotion du patrimoine artistique du Sénégal, offrant aux visiteurs un lien tangible avec l'héritage culturel du pays.

La Médina, avec ses rues labyrinthiques et son charme historique, dévoile un trésor de trouvailles artisanales. En parcourant les ruelles étroites, chaque détour révèle une nouvelle facette de l'artisanat traditionnel sénégalais. Les paniers tissés à la main, marque de fabrique de l'artisanat sénégalais, témoignent d'une maîtrise des techniques transmises de génération en génération. Ces paniers, finement fabriqués avec des fibres naturelles, servent à la fois à des fins fonctionnelles et décoratives, incarnant la fusion de l'utilité et de l'art. La Médina est également un paradis pour les amateurs de poterie, avec des artisans qui façonnent habilement l'argile pour en faire des récipients présentant des dessins et des motifs uniques. Des petits objets décoratifs aux pièces fonctionnelles plus grandes, chaque création de poterie raconte une histoire d'importance culturelle et de savoir-faire.

Les offres artisanales de la Médina s'étendent au-delà des biens tangibles, englobant l'art dynamique de la gravure locale. Les ateliers produisant des tissus traditionnels sénégalais, tels que le bazin et les textiles tie-dye, ajoutent une touche de couleur à la palette culturelle de la Médina. Les visiteurs peuvent assister au processus méticuleux de création de ces tissus, de la teinture et de l'impression au résultat final vibrant. La Médina, avec sa diversité d'artisanat traditionnel et de trouvailles artisanales, devient un microcosme de la richesse culturelle du Sénégal, invitant les acheteurs à se lancer dans une exploration sensorielle du patrimoine artistique du pays.

L'exploration de l'artisanat traditionnel à Dakar s'étend au-delà du Village Artisanal de Soumbédioune et de la Médina. Des quartiers comme Sicap Liberté et Almadies abritent également des boutiques de style boutique proposant une sélection de produits artisanaux, offrant une touche contemporaine à l'artisanat traditionnel. Des boutiques comme Le Bazin du Village, situées à Sicap Liberté, fusionnent l'esthétique moderne avec les techniques traditionnelles, proposant une collection soignée de textiles, de vêtements et d'accessoires. Ces boutiques deviennent des espaces incontournables où l'artisanat traditionnel trouve sa place dans le paysage de la mode en évolution, garantissant ainsi sa pertinence dans le contexte contemporain.

L'adoption par Dakar de l'artisanat traditionnel ajoute non seulement du dynamisme à sa scène commerciale, mais contribue également à la préservation du patrimoine culturel. La reconnaissance et le soutien des artisans locaux créent une relation symbiotique entre tradition et commerce, garantissant que les compétences et les techniques transmises de génération en génération continuent de prospérer. Les visiteurs des paradis artisanaux de Dakar acquièrent non seulement des pièces uniques et significatives, mais participent également à un échange culturel qui transcende les simples transactions, favorisant une appréciation plus profonde du riche héritage artistique du Sénégal.

L'art du marchandage sénégalais est tissé dans le tissu des marchés et de l'expérience de shopping de Dakar, ajoutant une dimension interactive et culturelle à l'acte d'achat et de vente. Le marché Sandaga, l'un des marchés emblématiques de Dakar, est un vibrant témoignage de l'art du marchandage sénégalais. En parcourant ses ruelles animées, les visiteurs découvrent une gamme de textiles, d'épices, de produits frais et de produits artisanaux, chacun présentant une opportunité de négociation. Le marché est un délice sensoriel, avec des vendeurs faisant la promotion de leurs produits avec passion et s'engageant dans des discussions animées, créant une atmosphère qui reflète la vivacité de Dakar elle-même.

Au Marché Sandaga, le marchandage n'est pas seulement un échange transactionnel ; c'est une danse culturelle où l'acheteur et le vendeur s'engagent dans un dialogue animé. Le processus implique des plaisanteries amicales, des gestes expressifs et une compréhension mutuelle que le prix final est souvent un compromis négocié. Le marchandage devient une expérience partagée, une manière pour les deux parties de participer à la tradition séculaire de la dynamique du marché. Les visiteurs des marchés de Dakar apprennent rapidement que le marchandage est non seulement attendu mais adopté, créant ainsi une expérience de magasinage interactive et dynamique.

Le marché Kermel, situé au cœur de Dakar avec son architecture historique de l'époque coloniale, illustre encore davantage l'art du marchandage sénégalais. Les étals couverts, ornés de fruits, légumes et spécialités locales, deviennent des lieux de marchandage. Le charme nostalgique du marché, associé à son énergie bouillonnante, crée une ambiance où le rythme du marchandage devient partie intégrante de l'expérience de magasinage.

S'adonner à l'art du marchandage sur les marchés de Dakar est une immersion culturelle qui va au-delà de l'acte de négociation. Il favorise un sentiment de camaraderie entre l'acheteur et le vendeur, transformant une transaction commerciale en une expérience partagée. Les visiteurs apprennent rapidement que marchander ne consiste pas seulement à obtenir un prix avantageux ; il s'agit d'établir des liens, d'apprécier la culture locale et de participer activement au dynamisme du marché de Dakar.

La tradition du marchandage sur les marchés de Dakar est profondément ancrée dans le tissu culturel du Sénégal. Cela reflète la valeur accordée aux relations interpersonnelles et l'importance des interactions en face à face dans les transactions commerciales. L'art de la négociation n'est pas une simple transaction économique ; c'est un échange social où les deux parties contribuent au rythme et à l'énergie du marché.

Au-delà des marchés, l'art du marchandage sénégalais s'étend aux boutiques et établissements d'artisanat traditionnel disséminés dans la ville. Que ce soit dans les boutiques chics de la rue Jules Ferry ou en explorant les trésors artisanaux du Village Artisanal de Soumbédioune, l'esprit du marchandage reste vivant. Même dans ces espaces plus organisés, le marchandage est souvent accueilli comme une pratique coutumière, favorisant un sentiment d'engagement et de connexion entre les clients et les propriétaires.

La résilience de l'art du marchandage dans la culture du shopping de Dakar témoigne de l'engagement de la ville à préserver ses traditions au milieu de la dynamique évolutive du commerce moderne. Il ajoute une couche authentique et dynamique à l'expérience de shopping, encourageant les visiteurs non seulement à rechercher des articles uniques, mais également à participer activement à la danse culturelle de la négociation qui fait partie intégrante du marché sénégalais depuis des générations.

Naviguer dans les bonnes affaires : l'art du marchandage sénégalais :

Au cœur du marchandage sénégalais se trouve l'ambiance animée des marchés de Dakar, où cette tradition séculaire est la plus palpable. Un lieu emblématique qui résume l'esprit du marchandage sénégalais est le Marché Sandaga. Situé au cœur de Dakar, c'est un labyrinthe animé de couleurs, de sons et de senteurs. En parcourant ses ruelles étroites, les visiteurs sont confrontés à une explosion sensorielle : des vendeurs faisant la promotion avec passion de leurs produits, des conversations animées et une gamme de produits allant des textiles et épices aux produits frais et à l'artisanat.

Dans l'ambiance vibrante du Marché Sandaga, le marchandage devient une immersion culturelle, une danse qui reflète le dynamisme de Dakar lui-même.

Les acheteurs se livrent à des plaisanteries amicales, mettant en valeur leurs compétences en négociation, tandis que les vendeurs répondent avec le même enthousiasme. Le rythme du marchandage est une expérience partagée, et la transaction qui en résulte est souvent accompagnée de rires et de sourires. Cet échange dépasse les simples considérations économiques ; il favorise un sentiment de communauté et de camaraderie entre l'acheteur et le vendeur, contribuant ainsi à l'esprit animé qui définit les marchés de Dakar.

Un autre marché emblématique qui illustre l'art du marchandage sénégalais est le Marché Kermel, situé au cœur de Dakar avec son architecture de l'époque coloniale. Ce marché historique, caractérisé par des étals couverts et un charme nostalgique, transforme l'acte de marchander en une expérience culturelle. Les acheteurs déambulent dans les étals du marché et négocient avec les vendeurs qui présentent habilement leurs produits. L'atmosphère est empreinte de respect et de plaisir mutuels, les deux parties contribuant au théâtre animé du commerce. Au marché Kermel, le marchandage n'est pas seulement un moyen d'atteindre un juste prix ; c'est un rituel qui honore les traditions de la vie marchande sénégalaise.

Le marchandage sénégalais ne se limite pas aux marchés animés mais s'étend aux boutiques chics de la ville, ajoutant une saveur unique aux expériences de shopping haut de gamme. La rue Jules Ferry, située dans le quartier du Plateau, se présente comme un pôle de mode où les rues bordées de boutiques présentent les dernières tendances. Ici, l'art du marchandage prend un ton différent, mêlant ambiance cosmopolite et pratiques traditionnelles. Des boutiques comme Gas Bijoux et Les Petites Pierre proposent une sélection soignée de vêtements, d'accessoires et de bijoux, où les clients s'engagent souvent dans des négociations amicales pour obtenir la meilleure offre. La juxtaposition de la haute couture et de la tradition séculaire du marchandage met en évidence la capacité de Dakar à mélanger harmonieusement modernité et authenticité culturelle.

Les concept stores comme Les Petits Hauts offrent une expérience shopping unique qui embrasse à la fois la mode et le lifestyle. La sélection organisée de produits de haute qualité, souvent fabriqués localement, devient une toile de fond pour l'art du marchandage. Dans ces boutiques chics, les clients participent à des négociations qui dépassent le cadre transactionnel ; cela devient une opportunité d'appréciation partagée de l'artisanat et du design. La présence du marchandage dans des contextes aussi haut de gamme témoigne de l'engagement de Dakar à préserver les traditions culturelles, même dans des espaces commerciaux en évolution.

Le Village Artisanal de Soumbédioune, situé le long de la Corniche Ouest, est un refuge pour ceux qui recherchent des trésors artisanaux. Les ateliers mettent en valeur les compétences des artisans locaux, produisant de tout, des sculptures sur bois complexes aux textiles et bijoux éclatants. Les visiteurs de ce village artisanal s'engagent activement dans la tradition du marchandage, négociant avec des artisans fiers de leur métier. L'art du marchandage sénégalais dans ce contexte devient une célébration de l'artisanat, car les acheteurs apprécient le savoir-faire et le dévouement nécessaires à la création de chaque pièce unique. Le Village Artisanal de Soumbédioune est un témoignage vivant de l'engagement de Dakar à préserver l'artisanat traditionnel et à offrir un espace où le marchandage devient partie intégrante de l'expérience artistique.

Si le marchandage est souvent associé à des biens tangibles, la scène culinaire de rue de Dakar constitue également une arène de négociation. Les vendeurs ambulants proposant des snacks populaires comme « l'accara », des beignets de pois aux yeux noirs frits, ou la version sénégalaise du sandwich, le « dakarois », sont habitués à se lancer dans les plaisanteries ludiques du marchandage. Les clients négocient non seulement un prix équitable, mais également une portion supplémentaire, une sauce spéciale ou une friandise supplémentaire, transformant ainsi l'acte d'acheter une collation en une interaction sociale.

La résilience de l'art du marchandage sénégalais reflète son importance culturelle et la manière dont il s'est imbriqué dans le tissu de la vie quotidienne de Dakar. C'est une pratique qui transcende les transactions économiques, offrant un aperçu des valeurs de communauté, des relations interpersonnelles et de la jouissance partagée du commerce. L'engagement de Dakar à préserver cette tradition ne consiste pas seulement à obtenir un accord favorable ; il s'agit de maintenir une danse culturelle qui enrichit la culture commerciale dynamique de la ville. L'art du marchandage sénégalais n'est pas qu'une simple négociation ; c'est une célébration de l'esprit qui définit le marché de Dakar, faisant de chaque achat une expérience significative et vivante.

CHAPITRE 8.

DÉVOILE L'ESSENCE DE DAKAR : APERÇUS LOCAUX ET JOYAUX CACHÉS

Naviguer dans la tapisserie vibrante de Dakar devient un voyage culturel lorsqu'il est guidé par les précieuses recommandations de ses habitants. Au-delà des sentiers touristiques très fréquentés, ces habitants offrent un portail vers l'essence authentique de Dakar, partageant des idées qui décollent des couches de l'identité diversifiée de la ville. Dakar, à travers le prisme de ses habitants, se transforme en un récit vivant, où des histoires inédites, des découvertes hors des sentiers battus et une riche tapisserie culturelle attendent d'être explorées.

L'un des joyaux cachés de la ville révélés par ses résidents sont les Îles de la Madeleine, un archipel tranquille au large de la côte. Alors que les touristes peuvent être attirés par des sites bien connus, les résidents de Dakar chérissent ces îles moins connues comme une évasion sereine. Anecdotes partagées de pique-niques sur les rivages sablonneux, moments de contemplation dans la nature et vues imprenables sur l'Atlantique racontent un Dakar qui s'étend au-delà de son noyau urbain animé. Les recommandations des habitants font office de boussole et orientent les visiteurs vers ces retraites tranquilles qui définissent le charme authentique de la ville. De plus, les résidents donnent vie à des merveilles architecturales négligées, encourageant ainsi l'exploration au-delà de l'évidence. Le monument de la Renaissance africaine, souvent admiré pour sa grandeur, prend une nouvelle signification lorsque les résidents guident les visiteurs pour qu'ils apprécient les détails complexes de sa conception et les éléments symboliques incrustés dans la sculpture. Ce changement de perspective enrichit le paysage urbain de Dakar, transformant des monuments apparemment familiers en passerelles vers des récits historiques et culturels. Les connaissances locales deviennent ainsi des clés pour découvrir les significations et les connexions plus profondes de la ville.

Au-delà des sentiers touristiques : découvertes hors des sentiers battus

Le voyage vers les trésors cachés de Dakar transcende les sentiers touristiques familiers, alors que les habitants partagent généreusement leurs idées, dévoilant des joyaux moins connus qui définissent le charme unique de la ville. Parmi ces découvertes hors des sentiers battus, les Îles de la Madeleine s'imposent comme un incontournable, témoignage de la diversité des offres de Dakar au-delà de son noyau urbain. Situées juste au large de la côte, ces petites îles offrent aux résidents et aux explorateurs intrépides une retraite sereine, loin de l'agitation trépidante de la ville.

Les Îles de la Madeleine, bien que moins fréquentées par les touristes, deviennent une évasion privilégiée pour les Dakarois en quête de tranquillité et de beauté naturelle. Les résidents partagent souvent des histoires de pique-niques tranquilles sur les rivages sablonneux, où les vagues de l'Atlantique viennent doucement caresser les plages. Ces îles offrent une perspective unique de Dakar, mettant en valeur un côté plus décontracté et idyllique qui pourrait être négligé au milieu de l'effervescence urbaine de la ville. Les vues panoramiques sur l'océan depuis ces îles créent un sentiment de connexion avec la nature, contrastant avec les rues animées de Dakar. Alors que les résidents guident les visiteurs vers ces destinations hors des sentiers battus, l'identité de la ville se dévoile au-delà de son récit conventionnel, offrant une compréhension plus profonde des diverses expériences qu'elle a à offrir.

De plus, les découvertes hors des sentiers battus à Dakar s'étendent au-delà des retraites naturelles jusqu'aux merveilles architecturales qui échappent souvent aux projecteurs. Les résidents deviennent des ambassadeurs culturels, incitant les explorateurs à apprécier des monuments négligés ayant une signification historique et culturelle. Par exemple, le quartier du Plateau, caractérisé par son mélange de gratte-ciel et de bâtiments de l'époque coloniale, recèle des nuances architecturales que les habitants apprécient pour leur contexte historique et le contraste dynamique qu'ils apportent à l'horizon de Dakar. Sous la direction des résidents, les visiteurs peuvent découvrir les niveaux de signification ancrés dans des structures emblématiques telles que le monument de la Renaissance africaine. Bien que le monument soit connu pour sa grandeur, les résidents éclairent les détails complexes de sa conception, dévoilant une riche tapisserie symbolique qui peut passer inaperçue pour l'observateur occasionnel.

Ces découvertes architecturales hors des sentiers battus deviennent des portes d'entrée vers l'histoire et les récits culturels de Dakar. Les résidents partagent des histoires qui donnent vie à des monuments négligés, offrant aux visiteurs une nouvelle perspective qui enrichit l'exploration de la ville. Dakar, à travers le prisme des idées locales, devient un lieu où les éléments historiques et contemporains se fusionnent, formant un récit plus complet qui s'étend au-delà des limites des attractions touristiques traditionnelles.

S'engager avec les résidents de Dakar ouvre non seulement les portes de trésors cachés, mais dévoile également des célébrations culturelles qui pourraient être négligées dans l'itinéraire touristique typique. Les résidents orientent souvent les visiteurs vers des festivals plus petits et centrés sur la communauté qui capturent l'authenticité de la culture sénégalaise. L'une de ces célébrations est le Nguajarr, un festival de lutte traditionnelle qui se déroule dans différents quartiers. La lutte au Sénégal n'est pas simplement un sport mais un phénomène culturel aux racines historiques profondes. La fête de Nguajarr devient une occasion unique pour les visiteurs d'être témoins de la ferveur et de l'esprit communautaire qui entourent cette tradition séculaire. Les connaissances locales servent de pont vers ces célébrations culturelles moins connues, transformant l'exploration en expériences immersives qui favorisent une compréhension plus profonde du patrimoine culturel dynamique de Dakar.

Dans le domaine de l'exploration culinaire, les résidents deviennent de précieux guides vers les restaurants cachés et les stands de nourriture de rue appréciés des locaux. Au-delà des délices culinaires bien connus, les habitants font découvrir aux visiteurs des cuisines familiales servant des plats simples avec des recettes transmises de génération en génération. Ces joyaux culinaires cachés offrent non seulement un avant-goût de la gastronomie sénégalaise, mais également un aperçu de la chaleur et de l'hospitalité qui caractérisent la scène culinaire locale de Dakar. Les recommandations des résidents pourraient conduire à des coins sans prétention où les chefs locaux préparent la parfaite «

thiéboudienne » ou « yassa poulet », créant ainsi une expérience culinaire intime et authentique.

L'exploration des découvertes hors des sentiers battus de Dakar transforme ainsi la ville en une tapisserie multidimensionnelle d'expériences, façonnée par les idées et les recommandations de ceux qui connaissent intimement son pouls. Ces joyaux cachés, qu'il s'agisse de retraites naturelles, de merveilles architecturales, de célébrations culturelles ou de délices culinaires, servent de fils qui tissent un récit au-delà des sentiers touristiques conventionnels. Dakar, telle que révélée par ses habitants, devient une ville où chaque recoin raconte une histoire et chaque recommandation dévoile une nouvelle couche de son identité riche et diversifiée.

Merveilles architecturales : des histoires inédites dans la pierre

Dans la ville animée de Dakar, les merveilles architecturales se présentent comme des conteurs silencieux, gravant l'histoire inédite et la tapisserie culturelle de cette métropole animée. Souvent éclipsés par la grandeur de monuments plus emblématiques, ces joyaux architecturaux invisibles recèlent des histoires qui attendent d'être dévoilées.

Au premier plan de ces récits se trouve le Monument de la Renaissance africaine, une figure colossale qui retient l'attention sur l'horizon de Dakar. Bien que largement reconnus pour sa stature imposante, les résidents offrent une perspective unique qui transcende sa grandeur. Les visiteurs, guidés par les habitants, peuvent se plonger dans les détails complexes de la conception du monument, dévoilant une riche tapisserie de symbolisme. La sculpture, avec son bras tendu et son regard vers le haut, résume les thèmes de l'unité, du progrès et de la renaissance culturelle. Comprendre ces nuances transforme le monument d'une simple statue en une représentation profonde des aspirations et de la résilience du Sénégal. Le Monument de la Renaissance africaine, sous la direction des habitants de Dakar, devient un symbole non seulement de grandeur physique mais aussi d'un récit culturel et historique finement gravé dans la pierre.

Un autre joyau caché du paysage urbain de Dakar se trouve dans le quartier du Plateau, où les gratte-ciel modernes côtoient les bâtiments de l'époque coloniale. Les habitants apprécient les nuances architecturales de cette juxtaposition, reconnaissant l'importance historique de chaque structure. Le quartier du Plateau sert de récit visuel de l'évolution de Dakar, offrant un aperçu du passé colonial de la ville et de ses progrès vers la modernité. Sous la direction des habitants, les visiteurs peuvent explorer les styles contrastés et comprendre comment ces éléments architecturaux contribuent à l'identité unique de Dakar. Le mélange complexe d'ancien et de nouveau témoigne de la capacité de la ville à préserver son patrimoine tout en embrassant le vent du changement.

Au-delà des monuments communément observés, des trésors architecturaux cachés sont disséminés dans les quartiers de Dakar, attendant d'être découverts. Les conseils des résidents transforment l'exploration en un voyage dans le temps, où chaque bâtiment, ruelle et coin de rue murmure des histoires sur la résilience, l'adaptation et la croissance de la ville. Des maisons traditionnelles en briques crues des banlieues aux façades colorées des structures de l'époque coloniale, le paysage architectural de Dakar devient une mosaïque d'influences diverses qui ont façonné la ville.

Ces histoires architecturales inédites ne se limitent pas aux grands monuments ou aux quartiers bien préservés, mais s'étendent aux espaces quotidiens où les habitants de Dakar vivent, travaillent et se rassemblent. Les marchés, les quartiers et les établissements locaux contribuent au récit architectural, chaque structure reflétant le dynamisme de la ville. S'engager avec les habitants de Dakar révèle les joyaux cachés de ces espaces, où l'architecture devient une expression vivante de l'identité de la communauté.

De plus, les joyaux architecturaux de Dakar s'étendent au-delà de la définition conventionnelle des monuments et des bâtiments. Le street art, forme dynamique d'expression culturelle, orne les façades des bâtiments et les espaces publics, contribuant ainsi à l'esthétique urbaine de la ville. Les résidents peuvent guider les visiteurs dans l'exploration de ces galeries extérieures, où les peintures murales racontent des histoires de résilience, de commentaires sociaux et d'innovation artistique. Le street art, sous la direction des habitants, devient le reflet de l'identité culturelle contemporaine de Dakar, mettant en valeur l'intersection de la tradition et de la modernité d'une manière visuellement saisissante.

Dans le domaine de l'exploration architecturale, les mosquées de Dakar sont des témoins silencieux du riche patrimoine culturel de la ville. La Grande Mosquée de Dakar, outre sa signification religieuse, devient un phare culturel où se déroulent des spectacles de danses traditionnelles dans la cour. Les résidents, intimement liés à ces espaces, donnent un aperçu des éléments architecturaux qui définissent les mosquées et de leur rôle dans la formation du tissu communautaire de la ville. Ces mosquées deviennent non seulement des lieux de culte mais des monuments vivants qui contribuent à la richesse architecturale de Dakar.

L'exploration des merveilles architecturales de Dakar sous la direction des habitants dévoile un récit qui s'étend au-delà de la surface. La ville, à travers ses bâtiments et ses structures, raconte des histoires de résilience, de fusion culturelle et de cheminement continu vers le progrès. La tapisserie architecturale de Dakar devient le reflet des diverses influences qui ont façonné son identité, les habitants jouant le rôle d'intendants culturels, guidant les visiteurs à découvrir les histoires invisibles gravées dans la pierre.

Richesse culturelle : célébrations cachées

Dans la ville dynamique de Dakar, au-delà des festivals bien connus qui attirent des visiteurs du monde entier, se cache un royaume caché de célébrations culturelles qui se déroulent dans des contextes plus petits et centrés sur la communauté. Ces événements moins connus constituent une porte d'entrée unique dans la riche tapisserie de traditions de Dakar, offrant un aperçu authentique du cœur de la culture sénégalaise.

L'une de ces célébrations cachées qui résonne profondément chez les habitants de Dakar est le Nguajarr, un festival de lutte traditionnelle qui se déroule dans différents quartiers. Alors que la lutte est un sport dans de nombreuses régions du monde, au Sénégal, c'est un phénomène culturel étroitement lié à l'histoire, à la spiritualité et aux liens communautaires. Le festival Nguajarr, loin des grandes scènes, capture l'essence de cette tradition séculaire dans un cadre intimiste et communautaire.

Guidés par les connaissances locales, les visiteurs participant au festival Nguajarr deviennent participants à une expérience immersive, pénétrant au cœur du patrimoine culturel de Dakar. La fête se déroule sur les places ou dans les espaces verts du quartier, avec des spectateurs rassemblés pour assister aux matchs de lutte. Ces matchs ne sont pas seulement des compétitions physiques mais une démonstration d'athlétisme, d'habileté et d'incarnation de valeurs culturelles. Chaque lutteur représente plus qu'un athlète individuel ; ils portent la fierté et l'esprit de leur communauté, faisant du Nguajarr une expression vibrante de solidarité communautaire.

La ferveur entourant les matchs de lutte est accompagnée de musique traditionnelle, de tambours rythmés et de spectacles de danse animés. Les habitants participent avec passion aux festivités, créant une atmosphère chargée d'énergie et d'excitation. Les costumes traditionnels, ornés de couleurs vives et de motifs symboliques, ajoutent un spectacle visuel à la célébration. Le Nguajarr devient une toile vivante où l'identité culturelle de Dakar est peinte avec vivacité, faisant écho à chaque instant aux récits historiques et sociaux de la ville.

Les célébrations centrées sur la communauté comme le Nguajarr offrent aux visiteurs un lien profond avec le cœur culturel de Dakar. Le festival n'est pas seulement un événement pour les spectateurs ; c'est une invitation à se joindre aux festivités, à ressentir le pouls de la communauté et à apprécier les subtilités des traditions sénégalaises. Les résidents, agissant en tant qu'ambassadeurs culturels, guident les visiteurs à travers les nuances de la célébration, partageant des histoires, expliquant l'importance des rituels et favorisant la compréhension du contexte culturel.

Dakar, avec ses divers groupes ethniques et influences culturelles, accueille une myriade de ces célébrations cachées tout au long de l'année. Les résidents, profondément enracinés dans leurs communautés, orientent souvent les visiteurs vers des événements qui mettent en valeur la mosaïque culturelle dynamique de la ville. Des spectacles de musique et de danse traditionnelles sur les places locales aux processions religieuses qui sillonnent les rues, ces célébrations offrent une rencontre intime avec la culture vivante de Dakar.

Participer à des célébrations culturelles moins connues offre l'occasion de témoigner de la résilience et de la continuité des traditions à Dakar. Le tissu culturel de la ville ne se limite pas aux grands festivals mais est étroitement intégré au tissu de la vie quotidienne. Les résidents sont fiers de partager ces joyaux cachés, permettant aux visiteurs de transcender le rôle de spectateurs et de devenir des participants actifs au récit culturel de Dakar.

De plus, ces célébrations cachées offrent un contrepoint aux événements plus commerciaux et touristiques, permettant une expérience plus intime et authentique. Les visiteurs, sous la conduite des locaux, peuvent échapper à la foule et plonger au cœur des communautés dakaroises. L'authenticité de ces célébrations réside dans leur nature organique, insensible aux pressions du tourisme de masse, permettant une connexion plus personnelle et significative.

Trésors culinaires : restaurants secrets et cuisines familiales

Dans le paysage culinaire animé et diversifié de Dakar, où les saveurs et les arômes tissent une riche tapisserie, les habitants de la ville jouent un rôle central en guidant les visiteurs vers des trésors culinaires cachés du grand public. Au-delà des restaurants réputés et des lieux de restauration de rue populaires, interagir avec les habitants de Dakar ouvre la porte à des restaurants secrets et à des cuisines familiales appréciées des locaux, offrant un goût authentique et immersif de la gastronomie sénégalaise.

L'un de ces joyaux culinaires que les résidents pourraient recommander est un restaurant caché servant des plats simples dans un cadre familial. Ces lieux ne sont pas que des restaurants ; ce sont des extensions de la maison du chef, où les recettes transmises de génération en génération sont élaborées avec amour et soin. Cette recommandation d'initié pourrait conduire les visiteurs dans un coin modeste de Dakar, où un chef local prépare minutieusement l'emblématique « thiéboudienne » ou le savoureux « yassa poulet ».

Imaginez entrer dans un espace confortable où l'arôme des épices mijotées et le grésillement des ingrédients dans une poêle chaude vous accueillent. L'ambiance est chaleureuse, avec le tintement des ustensiles et les rires qui résonnent dans l'air. Ici, dans ces restaurants cachés, les habitants partagent non seulement leurs traditions culinaires mais aussi les histoires et les souvenirs associés à chaque plat. Le chef peut prendre un moment pour raconter l'histoire d'une recette particulière, en remontant ses racines à la cuisine d'une grand-mère ou à une fête communautaire. Dîner dans un tel espace devient un voyage dans le temps, une exploration de la culture sénégalaise et une célébration du patrimoine commun qui définit Dakar.

Les résidents, agissant en tant que guides culinaires, peuvent également diriger les visiteurs vers des stands de nourriture de rue secrets connus uniquement des locaux. La scène culinaire de rue de Dakar fait partie intégrante de la culture de la ville, où les vendeurs préparent et servent avec passion une variété de délicieuses friandises. Suivre la recommandation d'un résident peut conduire à un coin de rue sans prétention où l'arôme du poisson grillé ou le parfum alléchant de l'accara (beignets de pois aux yeux noirs) flotte dans l'air. Ces stands cachés servent souvent de points de rassemblement communautaire, où les habitants se rassemblent pour savourer des repas savoureux et abordables.

Explorer les trésors culinaires de Dakar à travers le prisme des connaissances locales favorise un véritable lien avec la culture culinaire de la ville. Il ne s'agit pas seulement de satisfaire son appétit ; il s'agit d'embrasser les histoires, les traditions et l'authenticité qui accompagnent chaque bouchée. Les résidents, forts de leur connaissance intime du paysage culinaire, deviennent des ambassadeurs culturels, partageant leur passion pour la gastronomie sénégalaise et invitant les visiteurs à participer à l'esprit communautaire qui définit la scène culinaire de Dakar.

De plus, dialoguer avec les habitants de Dakar conduit souvent à la découverte de marchés alimentaires secrets ou de ruelles cachées où les vendeurs proposent des spécialités uniques et régionales. Ces marchés ne font peut-être pas partie de l'itinéraire touristique typique, mais ils offrent une expérience immersive où les résidents marchandent avec passion pour obtenir les produits les plus frais, des épices parfumées et une gamme de fruits de mer. Naviguer sur ces marchés aux côtés des résidents offre aux visiteurs une compréhension plus approfondie des ingrédients qui constituent l'épine dorsale de la cuisine sénégalaise.

La chaleur et l'hospitalité rencontrées dans ces restaurants secrets et cuisines familiales vont au-delà de l'expérience culinaire. Les visiteurs sont accueillis non seulement en tant que clients mais aussi en tant qu'invités au cœur du tissu social de Dakar. La nature communautaire des repas dans ces joyaux cachés favorise les liens, suscite des conversations avec les autres convives et crée des souvenirs qui vont au-delà des saveurs de l'assiette.

CHAPITRE NEUF.

Dans la ville animée de Dakar, où les marchés animés, les trésors cachés et les délices culturels vous attendent, les voyageurs avertis bénéficient de conseils pratiques pour garantir une expérience fluide et enrichissante. Naviguer à Dakar implique non seulement d'embrasser ses offres culturelles, mais également de comprendre des aspects essentiels tels que la santé et la sécurité, la monnaie et les services bancaires, les nuances linguistiques et de rester connecté via Internet. Ce guide complet fournit des informations précieuses aux voyageurs qui se lancent dans une aventure dans la capitale dynamique du Sénégal.

Directives en matière de santé et de sécurité

Précautions sanitaires:
Assurer une bonne santé pendant votre voyage à Dakar commence par une préparation adéquate. Avant le départ, consultez votre prestataire de soins pour connaître les vaccinations et les conseils de santé spécifiques au Sénégal. Les vaccins courants comprennent la fièvre jaune, les hépatites A et B, la typhoïde et la méningite. Le paludisme est présent

dans la région, des médicaments antipaludiques sont donc conseillés.

Eau et sécurité alimentaire:
Bien que Dakar offre une scène culinaire diversifiée, les voyageurs doivent faire preuve de prudence pour prévenir les maladies d'origine alimentaire. Tenez-vous-en à de l'eau en bouteille ou purifiée et évitez de consommer des fruits de mer crus ou insuffisamment cuits. La nourriture de rue, bien que tentante, nécessite une sélection minutieuse de vendeurs réputés afin de minimiser les risques pour la santé. Optez pour des plats fraîchement préparés et, en cas de doute, observez les lieux fréquentés par les locaux.

Préparation aux urgences:
Comprendre les procédures d'urgence et disposer des coordonnées des établissements de santé locaux est crucial. Familiarisez-vous avec l'emplacement des hôpitaux et des pharmacies les plus proches. Une assurance voyage couvrant les urgences médicales est fortement recommandée pour avoir l'esprit tranquille.

Sécurité personnelle:
Lignes directrices en matière de santé et de sécurité à Dakar : naviguer dans une ville dynamique

Embarquer pour un voyage à Dakar, le cœur palpitant du Sénégal, nécessite un examen attentif des mesures de santé et de sécurité pour garantir une expérience fluide et agréable. Des vaccinations et de la sécurité alimentaire à la préparation aux situations d'urgence et à la sécurité personnelle, ce guide vise à fournir des informations complètes aux voyageurs naviguant dans le paysage dynamique de Dakar.

Précautions sanitaires

Consultation avant le voyage:
Les bases d'un voyage sain à Dakar sont posées par une consultation préalable au voyage avec un prestataire de soins de santé. Demandez des conseils spécifiques au Sénégal, compte tenu des maladies répandues et des vaccinations requises. Les vaccins courants comprennent la fièvre jaune, les hépatites A et B, la typhoïde et la méningite. Le paludisme est endémique dans la région, alors consultez votre

médecin pour un médicament antipaludique approprié en fonction de votre itinéraire de voyage.

Restez hydraté et mangez judicieusement:
Même si la scène culinaire diversifiée de Dakar est un délice, les voyageurs doivent faire preuve de prudence pour prévenir les maladies d'origine alimentaire. Tenez-vous en à l'eau en bouteille ou purifiée pour rester hydraté et évitez la glace dans les boissons, sauf si vous êtes sûr qu'elle est fabriquée à partir d'eau purifiée. En ce qui concerne la nourriture, optez pour des plats fraîchement préparés auprès de vendeurs réputés. Même si la cuisine de rue est tentante, choisissez des vendeurs bénéficiant d'une forte clientèle locale, ce qui indique la fiabilité de leurs offres.

Eau et sécurité alimentaire

Naviguer dans les délices culinaires:
Le paysage culinaire de Dakar est riche et varié, offrant une gamme de saveurs et de textures. Cependant, profiter de ces délices doit s'accompagner d'une certaine prudence. Les fruits de mer, élément important de la cuisine sénégalaise, doivent être consommés dans des établissements

réputés afin de réduire le risque de maladies d'origine alimentaire. Assurez-vous que tous les plats de fruits de mer ou de poisson sont bien cuits afin de minimiser les risques pour la santé.

Goût de la cuisine de rue:
La cuisine de rue fait partie intégrante de la culture gastronomique de Dakar, avec des marchés dynamiques offrant une myriade d'options alléchantes. En explorant ces délices culinaires, il est conseillé d'observer la propreté de l'installation du vendeur. Choisissez des stands où la nourriture est préparée fraîche et assurez-vous que les ustensiles et la vaisselle sont propres. S'engager auprès des habitants pour obtenir des recommandations sur les vendeurs de nourriture de rue populaires et dignes de confiance peut améliorer l'expérience tout en préservant la sécurité.

Préparation aux urgences

Connaissez vos établissements de santé :
Avant d'explorer Dakar, familiarisez-vous avec l'emplacement des établissements de santé, des hôpitaux et des pharmacies. Savoir où trouver une assistance médicale en cas d'urgence permet d'avoir

l'esprit tranquille. Les principaux hôpitaux de Dakar, tels que l'Hôpital Principal et la Clinique de la Madeleine, sont bien équipés pour traiter une gamme de problèmes médicaux.

Assurance voyage:
Pensez à investir dans une assurance voyage complète qui couvre les urgences médicales. Ceci est particulièrement important lorsque vous vous aventurez dans une nouvelle destination. L'assurance voyage peut fournir une protection financière en cas de frais médicaux imprévus, d'évacuation ou d'annulation de voyage en raison de circonstances imprévues.

Sécurité personnelle

Vigilance en milieu urbain:
Dakar, comme toute ville dynamique, est généralement sûre, mais les voyageurs doivent faire preuve de vigilance, en particulier en milieu urbain. Gardez vos effets personnels en sécurité, soyez conscient de votre environnement et évitez d'exposer ouvertement des objets de valeur. Les vols

à la tire peuvent se produire dans des zones très fréquentées, il est donc conseillé d'utiliser des sacs et pochettes antivol pour plus de sécurité.

Sécurité des transports:
Lorsque vous utilisez les transports en commun, comme les bus ou les taxis, choisissez des services réputés et agréés. Méfiez-vous des véhicules banalisés ou non officiels proposant des services de transport. Il est conseillé de se mettre d'accord sur les tarifs avant de commencer un voyage en taxi et de s'assurer que le véhicule est en bon état.

Sécurité nocturne :
Même si Dakar est animée pendant la journée, les voyageurs doivent faire preuve de prudence lorsqu'ils s'aventurent dehors la nuit. Tenez-vous-en aux zones bien éclairées et peuplées, surtout si vous explorez la ville après la tombée de la nuit. Il est conseillé d'utiliser des moyens de transport fiables plutôt que de marcher seul dans les zones moins fréquentées pendant la nuit.

Monnaie et sagesse bancaire

Notions de base sur les devises :

La monnaie officielle du Sénégal est le franc CFA ouest-africain (XOF). Familiarisez-vous avec les taux de change actuels et envisagez d'échanger des devises dans les banques ou bureaux de change locaux pour obtenir de meilleurs taux. Les guichets automatiques sont largement disponibles à Dakar, mais il est prudent d'informer votre banque de vos dates de voyage pour éviter tout problème avec vos cartes.

Espèces ou carte :
Bien que les cartes de crédit soient acceptées dans de nombreux établissements, il est sage d'avoir sur soi de l'argent liquide pour les transactions dans les petits magasins, les marchés ou les taxis. Informez votre banque de vos dates de voyage pour éviter tout problème potentiel lié à l'utilisation de la carte à l'étranger. De plus, avoir de plus petites coupures en espèces peut être utile pour négocier sur les marchés.

Horaires des banques :
Les banques de Dakar fonctionnent généralement du lundi au vendredi, avec des horaires variables. Il est conseillé d'effectuer toutes les activités bancaires

nécessaires en semaine, car de nombreux établissements peuvent être fermés le week-end.

Conseils de change :
Lorsque vous échangez des devises, choisissez des banques ou des bureaux de change réputés pour plus de transparence et de meilleurs taux. Soyez prudent lorsque vous échangez de l'argent dans la rue, car les vendeurs non officiels peuvent ne pas fournir de tarifs précis ou se livrer à des pratiques frauduleuses.

Bases linguistiques essentielles pour une communication efficace

Langues officielles:
Le Sénégal a deux langues officielles : le français et le wolof. Alors que de nombreux habitants comprennent et parlent le français, en particulier dans les zones urbaines comme Dakar, apprendre quelques phrases de base en wolof peut améliorer votre communication et vous faire aimer des locaux.

Phrases courantes en wolof:
- "Nopp naa ngi fii rekk ?" (Comment vas-tu?)
- "Jërejëf" (Merci)

- "Nopp" (Oui) et "Déedéet" (Non)
- "Excuusé" (Excusez-moi) et "Salaamaleekum" (Salutations)

Politesse et respect:
La culture sénégalaise accorde une grande valeur à la politesse et au respect. L'utilisation de salutations et de phrases polies contribue grandement à créer des interactions positives. Les locaux apprécient les visiteurs qui font un effort pour apprendre et utiliser les expressions de base du wolof.

Applications linguistiques:
Pensez à utiliser des applications d'apprentissage des langues ou des guides de conversation pour vous familiariser avec les phrases essentielles en français et en wolof. Cet effort facilite non seulement la communication, mais démontre également le respect de la culture locale.

Rester connecté : Internet et options de communication

Cartes SIM et réseaux mobiles:

Restez connecté à Dakar en achetant une carte SIM locale à votre arrivée. Le Sénégal dispose de réseaux mobiles fiables et obtenir un numéro local vous permet de passer des appels, d'envoyer des SMS et d'accéder aux données. Les principaux opérateurs incluent Orange et Free Sénégal.

Disponibilité Wi-Fi:
Le Wi-Fi est largement disponible dans les hôtels, cafés et restaurants de Dakar. Tout en explorant la ville, profitez de ces connexions pour rester en contact avec vos proches et naviguer à l'aide de cartes en ligne.

Internet Cafés:
Pour les voyageurs sans smartphone ou ceux ayant besoin d'un accès à un ordinateur, des cybercafés sont disséminés dans Dakar. Ces établissements fournissent des services Internet à un prix raisonnable.

Applications de communication:
Des applications comme WhatsApp, Skype et Zoom sont populaires pour rester en contact avec la famille et les amis restés à la maison. Assurez-vous que ces

applications sont installées sur votre appareil avant de voyager à Dakar.

Étiquette des appels locaux:
Lorsque vous effectuez des appels locaux, tenez compte du décalage horaire. Le Sénégal fonctionne à l'heure moyenne de Greenwich (GMT), alors vérifiez l'heure locale avant de passer ou de recevoir des appels.

CHAPITRE DIX.

CONCLUSION ET FUTURES AVENTURES À DAKAR

Réflexion sur votre expérience à Dakar

Alors que les rideaux tombent sur votre séjour à Dakar, le cœur vibrant du Sénégal, c'est un moment poignant pour s'adonner à la réflexion, en savourant la myriade d'impressions tissées dans le tissu de votre récit de voyage. Dakar, avec ses marchés animés, sa musique palpitante, ses offres culinaires diversifiées et la chaleur de ses habitants, a sans aucun doute gravé un chapitre distinctif de votre voyage. Embarquons pour un voyage réflexif à travers la tapisserie vibrante de Dakar, où les échos des rues animées et de la richesse culturelle résonnent dans les couloirs de la mémoire.

Rappel des images et des sons

Commencez votre réflexion en revisitant la tapisserie vivante des splendeurs visuelles et auditives de Dakar. Imaginez les marchés animés, comme le Marché Sandaga, où un kaléidoscope de couleurs, de sons et de parfums crée une symphonie sensorielle. Souvenez-vous des rythmes rythmés de la musique traditionnelle qui résonnent dans les rues, des conversations animées dans plusieurs langues et du street art vibrant ornant les façades des bâtiments. Dakar est une ville qui engage tous les sens, et chaque souvenir devient un coup de pinceau, contribuant au chef-d'œuvre de votre expérience Dakar.

Nuances et interactions culturelles
Plongez plus profondément dans les nuances culturelles qui font de Dakar une destination unique. Considérez les moments de connexion forgés grâce aux interactions avec les habitants. Peut-être avez-vous engagé des conversations animées avec des vendeurs sur les marchés, partageant des rires lors d'une séance de négociation. Ou peut-être avez-vous participé à un spectacle de danse traditionnelle, sentant le pouls rythmique de la musique sénégalaise se répercuter dans votre être. Les habitants de Dakar, connus pour leur chaleur et leur hospitalité, ont peut-être offert un aperçu de leur vie quotidienne, partageant des histoires qui ont dévoilé les différentes facettes de la richesse culturelle du Sénégal.

Séjours culinaires et trésors cachés
Aucune réflexion sur Dakar ne serait complète sans savourer les escapades culinaires qui ont ravi vos papilles. Rappelez-vous les bières aromatiques du Café Touba, les extravagances de fruits de mer de Chez Loutcha et la symphonie gourmande du restaurant La Calebasse. Considérez les joyaux culinaires cachés recommandés par les habitants : des restaurants cachés et des cuisines familiales servant des plats dont les recettes sont transmises de génération en génération. Ces rencontres gastronomiques n'étaient pas que des repas ; ils étaient des portes d'entrée vers l'âme du Sénégal, vous invitant à partager les saveurs qui définissent l'identité culinaire de Dakar.

Moments de connexion
En réfléchissant à votre séjour à Dakar, chérissez les moments de connexion qui ont transcendé les barrières linguistiques. Qu'il s'agisse de participer à une fête locale, de participer à une danse communautaire ou de partager un repas avec de nouveaux amis, Dakar est devenue un lieu où les

échanges culturels se sont développés naturellement. Les rires partagés, les sourires échangés et la véritable curiosité pour la vie de chacun ont créé une tapisserie de liens humains qui dépasse les limites d'une simple expérience touristique.

Contemplation tranquille dans les parcs de Dakar
Au milieu du dynamisme de Dakar, trouvez du réconfort dans les moments de contemplation tranquille dans les parcs de la ville. Qu'il s'agisse d'une paisible balade dans le Parc National Léopold Sédar Senghor ou d'un moment de réflexion à l'ombre des Baobabs, ces parenthèses sereines vous ont permis de vous imprégner de l'essence de Dakar à votre rythme. La juxtaposition de la tranquillité de la nature sur fond urbain est devenue une toile d'introspection, ajoutant des couches à votre expérience du Dakar.

Le kaléidoscope architectural
Réfléchissez au kaléidoscope architectural qui s'est déroulé sous vos yeux. Le monument de la Renaissance africaine, imposant avec ses détails complexes, et le mélange de gratte-ciel et de bâtiments de l'époque coloniale dans le quartier du

Plateau ont contribué à l'identité urbaine de Dakar. Considérez les histoires inédites intégrées dans ces structures, les récits historiques qu'elles véhiculent et la juxtaposition unique de tradition et de modernité qui définit le paysage architectural de Dakar.

Ne laissez aucun joyau caché inexploré
Souvenez-vous des joyaux cachés découverts sous la direction des Dakarois. Qu'il s'agisse de l'évasion tranquille aux Îles de la Madeleine, de l'immersion culturelle dans des célébrations hors des sentiers battus ou des secrets du monde culinaire dakarois révélés par les locaux, ces joyaux cachés ajoutent de la profondeur à votre exploration. Reconnaissez l'importance des connaissances locales et les portes qu'elles ont ouvertes sur un Dakar au-delà de la surface – une ville où convergent des histoires inédites, des merveilles architecturales et des célébrations chéries.

Pendant que vous réfléchissez à votre expérience du Dakar, laissez ces souvenirs persister, créant une galerie mentale que vous pourrez revisiter chaque fois que vous recherchez l'essence du Sénégal. Dakar, avec son esprit dynamique et son accueil chaleureux, est devenu une partie de votre récit de voyage personnel, contribuant à une compréhension plus riche du monde. Que vous retourniez à Dakar ou que vous partiez pour de nouvelles aventures, emportez avec vous les empreintes culturelles, les amitiés nouées et les leçons apprises dans cette métropole dynamique. La tapisserie de Dakar sera à jamais tissée dans le tissu de vos souvenirs de voyage, un rappel omniprésent de la beauté de l'exploration et de la diversité illimitée qu'offre notre monde.

Laisser un impact positif sur la ville
En tant que voyageur, vous avez le pouvoir de laisser un impact positif sur les lieux que vous visitez. Alors que Dakar vous a accueilli à bras ouverts, réfléchissez aux moyens de contribuer au bien-être de la ville et de ses habitants. S'engager dans des pratiques touristiques responsables, telles que le respect des coutumes locales, la minimisation de l'impact environnemental et le soutien aux entreprises locales. En étant conscient de votre empreinte, vous pouvez garantir que Dakar continue de prospérer en tant que pôle culturel et économique.

Participez à des initiatives communautaires ou à des programmes de bénévolat qui visent à élever la communauté locale. Qu'il s'agisse de soutenir des projets d'éducation, de conservation de l'environnement ou de protection sociale, votre implication peut faire une différence significative. Échangez respectueusement avec les habitants, découvrez leur mode de vie et laissez derrière vous des impressions positives qui favorisent les échanges culturels. N'oubliez pas que chaque voyageur joue un rôle dans l'élaboration du récit du tourisme à Dakar et que laisser un impact positif contribue à la croissance durable de la ville.

Planifier de futures aventures de voyage
Même si faire ses adieux à Dakar peut évoquer un sentiment de nostalgie, le monde regorge de destinations diverses qui attendent d'être explorées. Alors que vous planifiez vos futures aventures de voyage, pensez aux aspects de Dakar qui ont enflammé votre curiosité et votre passion pour l'exploration. Êtes-vous attiré par la scène artistique dynamique, le charme des sites historiques ou les expériences culinaires immersives ? Utilisez votre expérience du Dakar comme boussole pour guider vos choix de destinations futures.

Recherchez et profitez des offres uniques de chaque endroit que vous envisagez de visiter. Recherchez des destinations qui correspondent à vos intérêts et offrent des opportunités d'immersion culturelle. Qu'il s'agisse des monuments historiques de l'Europe, des merveilles naturelles de l'Asie ou des paysages vibrants de l'Amérique du Sud, le monde est une tapisserie d'expériences qui attendent de se dévoiler. Rappelez-vous les leçons apprises à Dakar – la valeur des échanges culturels, l'importance de l'ouverture d'esprit et la joie de découvrir l'inconnu.

Au-delà de Dakar : explorer de plus vastes horizons
Alors que vous contemplez les horizons plus larges au-delà de Dakar, pensez à diversifier vos expériences de voyage. Découvrez des destinations qui sortent peut-être des sentiers battus, où l'authenticité et la richesse culturelle sont à l'honneur. Engagez-vous avec les communautés locales, adoptez de nouvelles perspectives et savourez la beauté de la découverte de l'inconnu.

Au-delà de Dakar, l'Afrique elle-même offre une multitude de destinations captivantes. Pensez à explorer les merveilles historiques de l'Égypte, les paysages riches en faune du Kenya ou les cultures dynamiques du Maroc. Chaque région du continent possède son propre charme unique, contribuant à la mosaïque de la diversité de l'Afrique.

Dans le cadre plus large des voyages à l'échelle mondiale, aventurez-vous dans des régions qui correspondent à vos intérêts et aspirations. Qu'il s'agisse des anciennes traditions de l'Asie, du charme contemporain de l'Amérique du Nord ou de l'ambiance décontractée des îles du Pacifique, chaque coin du monde a quelque chose de distinct à offrir. Laissez les expériences acquises à Dakar vous inspirer pour vous lancer dans un voyage d'exploration continue, où chaque destination devient un chapitre de l'histoire de vos aventures mondiales.

Printed in France by Amazon
Brétigny-sur-Orge, FR